2017年江苏沿海沿江发展研究报告集

主　编　成长春　周威平
副主编　陈长江　冯　俊

苏州大学出版社

图书在版编目(CIP)数据

2017年江苏沿海沿江发展研究报告集/成长春,周威平主编. —苏州:苏州大学出版社,2018.12
ISBN 978-7-5672-2694-4

Ⅰ.①2… Ⅱ.①成… ②周… Ⅲ.①区域经济发展-研究报告-南通市-文集②社会发展-研究报告-南通市-文集 Ⅳ.①F127.533-53

中国版本图书馆CIP数据核字(2018)第293888号

2017年江苏沿海沿江发展研究报告集

成长春 周威平 主编

责任编辑 王 娅

苏州大学出版社出版发行
(地址:苏州市十梓街1号 邮编:215006)
镇江文苑制版印刷有限责任公司印装
(地址:镇江市黄山南路18号润州花园6-1号 邮编:212000)

开本700 mm×1000 mm 1/16 印张15 字数215千
2018年12月第1版 2018年12月第1次印刷
ISBN 978-7-5672-2694-4 定价:60.00元

苏州大学版图书若有印装错误,本社负责调换
苏州大学出版社营销部 电话:0512-67481020
苏州大学出版社网址 http://www.sudapress.com
苏州大学出版社邮箱 sdcbs@suda.edu.cn

目录

第一编　长江经济带高质量发展研究 / 1

以生态优先绿色发展为引领推动长江经济带高质量发展 / 3

以体制创新推动长江经济带绿色发展 / 9

以产业绿色转型推动长江经济带绿色发展 / 14

探索推动长江经济带高质量发展的新路径 / 18

扛起推动长江经济带高质量发展的历史责任 / 24

协调性均衡推动长江经济带高质量发展 / 29

准确把握长江经济带高质量发展中自身发展与协同发展的关系 / 38

以绿色金融为杠杆撬动长江经济带绿色发展 / 40

第二编　区域一体化与城市群发展研究 / 43

推进长三角一体化发展 / 45

构建一体化区域创新生态系统，增强长三角城市群全球竞争力 / 49

高质量发展阶段长三角实现更高水平一体化的重点行动 / 52

协同推进扬子江城市群落建设的建议 / 55

关于推进扬子江城市群整体对接上海自贸区的对策建议 / 60

做好区域合作大文章，实现江苏高质量发展 / 64

打造长三角"双创"升级版，让创新迸发新的增长点 / 66

第三编　江苏沿海沿江区域发展研究 / 69

"一带一路"交会点建设与江苏沿海经济带发展研究报告 / 71

以陆海统筹推进江苏海洋经济发展 / 84

共建东方桥头堡　打好陆桥经济牌 / 90

协同推进江苏长江经济带生态环境修复 / 97

江苏破解"化工围江"问题的对策建议 / 100

建设综合立体交通体系，大力发展枢纽经济 / 108

推动江苏协同发展产业体系建设 / 112

加快培育世界级先进制造业集群，积极拓展江苏高质量发展新空间 / 116

聚焦创新引领，推动江苏率先实现优化发展 / 120

第四编　南通经济发展研究 / 125

八个"新作为"助力南通高质量发展 / 127

以全面转型升级决胜高质量发展
——南通与宁波、佛山经济发展的比较及启示 / 133

南通市构建城市创新生态体系的关键问题研究 / 142

深圳创新发展对南通建设具有区域影响力创新之都的启示 / 148

启东承接上海创新创业资源外溢的现状与探索 / 157

关于加快推进南通建设花园城市的若干建议 / 168

以生态优先绿色发展为引领，实现南通沿江生态高质量发展 / 177

南通沿海前沿区域建设特色小镇路径研究 / 185

南通沿海前沿区域产业转型升级与企业创新研究报告 / 196

在船舶海工领域培育南通地标性产业集群的对策建议 / 208

南通市海上风电资源与风电产业协调发展对策研究 / 214

南通市跨江合作共建产业园区绩效评价研究 / 223

后记 / 233

第一编

长江经济带高质量发展研究

以生态优先绿色发展为引领推动长江经济带高质量发展

> **核心要点** 长江是中华民族的母亲河，生态修复和环境保护成为现阶段长江经济带高质量发展的重要瓶颈。唯有牢固坚持生态优先、绿色发展，才能切实推动长江经济带以及我国经济高质量发展。
>
> 长江经济带走生态优先、绿色发展之路，坚持共抓大保护、不搞大开发，将生态保护放在压倒一切的位置，打造绿色世界级产业集群，培育具有国际竞争力的绿色城市群，将为全球大江大河流域环境治理和可持续发展提供中国方案。
>
> 必须把生态优先、绿色发展作为新时代推动长江经济带高质量发展的行动指南，形成"保护生态环境就是保护生产力，改善生态环境就是发展生产力"的广泛共识，全面推动长江经济带形成节约资源和保护环境的空间格局、产业结构、生产方式和生活方式。

推动长江经济带发展是我国一项重大区域发展战略。习近平总书记指出，推动长江经济带发展必须走生态优先、绿色发展之路。当前，我们必须深刻领会这一发展道路的重要意义和实践要求，努力推动长江经济带高质量发展。

一、长江经济带走生态优先、绿色发展之路意义重大

立足新时代的历史方位。以习近平同志为核心的党中央深刻把握自然规律、经济规律和社会规律，顺应时代发展趋势，提出长江经济带发展必

须走生态优先、绿色发展之路。这一战略谋划具有重大而深远的意义。

实现中华民族永续发展的必由之路。长江是中华民族的母亲河,是中华民族的重要发源地,也是中华民族永续发展的重要支撑。长江作为中华民族的大动脉,从世界屋脊到巴山蜀水直到江南水乡,以其丰富的自然资源和人文风貌滋养着中华文明的发展壮大。长江流域生态地位突出,拥有全国1/3水资源和3/5水能资源储备总量,森林覆盖率达41.3%,河湖湿地面积约占全国的20%,拥有丰富的水生物资源,哺育着沿江4亿人民。长江经济带面积约占全国的21%,已经形成了以水为纽带,连接上下游、左右岸、干支流的独特经济社会大系统,其生态关系着全国经济社会供给。长江流域生态环境是长江流域甚至全国经济社会发展的重要基础,要实现中华民族永续发展,必须充分保护好长江流域的生态环境,坚持生态优先、绿色发展。

推动经济高质量发展的根本要求。改革开放40年来,长江流域经济社会综合实力快速提升,长江经济带人口和经济总量均超过全国的40%,沿江产业带已成为全球规模最大的内河产业带。长江流域拥有上海国际大都市和中西部广阔腹地,下游地区产业转型升级加速,中上游承接产业梯度转移的潜力日益释放,市场需求和发展回旋空间呈现双旺态势,发展潜力巨大。长江经济带作为贯穿我国"西部大开发""中部崛起""东部新跨越"的重要经济带,其在区域发展总体格局中举足轻重,是我国经济高质量发展的重要战略支撑。然而,长江流域40年来的高速增长也带来了巨大的资源环境压力,生态修复和环境保护成为现阶段长江经济带高质量发展的重要瓶颈。因此,唯有牢固坚持生态优先、绿色发展,才能切实推动长江经济带以及我国经济高质量发展。

破解世界发展难题的中国方案。长期以来,探索环境保护与经济协调的可持续发展道路成为构建人类命运共同体的一项重要课题,大河治理和流域经济发展也是各大国的普遍性难题。长江流域是我国对外开放的重要前沿,集沿海、沿江、沿边、内陆开放于一体,是连接丝绸之路经济带和21世纪海上丝绸之路的重要纽带,是我国推动形成全面开放新格局的重要区域。把长江经济带建设成为生态文明建设的先行示范带，实现生态效益、经济效益、社会效益的统一，必将在世界范围内产生很强的示范效应。长江经济带走生态优先、绿色发展之路，坚持共抓大保护、不搞大开发，将生态保护放在压倒一切的位置，打造绿色世界级产业集群，培育具有国际竞争力的绿色城市群，将为全球大江大河流域环境治理和可持续发展提供中国方案。

二、长江经济带生态优先、绿色发展取得良好开局

自长江经济带发展被确立为国家重大区域发展战略以来，中央有关部门和长江流域11省市制定规划政策体系、建立体制机制、推动政策落实，形成推动长江经济带生态优先、绿色发展的良好开局。

制定引领长江经济带生态优先、绿色发展的发展规划和政策体系。党中央、国务院及相关部门深入贯彻新发展理念，以规划引领长江经济带生态优先、绿色发展。一是在总体上体现绿色发展。2016年6月中共中央、国务院印发的《长江经济带发展规划纲要》确立长江经济带生态优先、绿色发展的理念，把生态环境保护摆上优先地位，坚持共抓大保护，不搞大开发。二是在生态环境保护上制定具体的规划路线图。2017年7月环境保护部等三部委印发《长江经济带生态环境保护规划》，从水资源利用、水生态保护、水环境修复、长江岸线保护和开发利用、环境污染治理、流域风险防控等方面明确了保护长江生态环境的具体行动部署。三是在绿色发展的落实上制定政策支撑点。2017年6月工业和信息化部等五部委出台《关于加强长江经济带工业绿色发展的指导意见》等引导性政策，为长江经济带推进绿色制造、提高资源能源利用效率、实现绿色增长构建起有力的政策支持体系。

建立促进长江经济带生态优先、绿色发展的体制机制。为贯彻落实生态优先、绿色发展理念，沿江省市不断推进体制机制创新。一是有效协调政府与市场关系。既充分发挥市场对绿色产业发展选择的决定性作用，加快建立环境资源交易市场；又充分发挥政府引导作用，积极构建生态环境

保护财政投入保障长效机制和生态环境监管机制。二是有序搭建区域协商合作机制。由长江经济带发展领导小组办公室牵头、沿江11省市参加的长江经济带"1+3"省际协商合作机制全面建立，长江下游4省市、中游3省和上游4省市分别建立省际协商合作机制，为区域生态环境联防联控提供了重要保障。三是大力发挥改革试点地区体制机制示范作用。积极推动武汉城市圈和长株潭城市群构建有利于能源资源节约和生态环境保护的体制机制，推动鄱阳湖生态经济区和洞庭湖生态经济区建设，充分发挥其在生态环境和经济社会协调发展方面的示范作用。

推动长江经济带生态优先、绿色发展形成新动能。长江沿线省市按照中央统一部署，坚持以生态优先、绿色发展为引领，谋求长江经济带绿色发展新突破。一方面做好"减法"，加快淘汰落后产能，走绿色低碳循环发展道路。在开展生态环保专项行动中，重拳出击解决长江生态环境存在的突出问题，先后组织开展了6项生态环境保护专项行动，指导推动长江经济带率先划定并严守生态保护红线。另一方面做好"加法"，加强改革创新和培育发展新动能。推进2个综合性国家科学中心落户长江经济带，推动8个国家自主创新示范区加快建设，区域产业转型升级加快，绿色发展产业体系初具雏形，新型城镇化综合试点工作有序开展，城市群、特色小镇绿色发展稳步推进。

长江经济带生态优先、绿色发展取得良好开局，但推动长江经济带绿色发展还面临不少困难和挑战。主要是：沿江重化工业高密度布局，环境污染隐患依然存在，生态优先、绿色发展的理念深入贯彻不够；长江流域各地区资源、生态利益协调机制亟待完善，大区域合作平台仍待搭建；区域发展不平衡问题突出，传统的粗放型发展方式仍占主导地位，绿色发展新技术、新业态、新模式、新产业仍然不足。

三、努力谱写长江经济带高质量发展新篇章

推动长江经济带高质量发展，需要深入贯彻新发展理念，加快推动经济发展质量变革、效率变革、动力变革，从生态优先中延伸区域绿色发展

的生命线，从绿色发展中增强人民群众获得感、幸福感、安全感。

牢固树立生态优先、绿色发展理念。必须把生态优先、绿色发展作为新时代推动长江经济带高质量发展的行动指南，形成"保护生态环境就是保护生产力，改善生态环境就是发展生产力"的广泛共识，全面推动长江经济带形成节约资源和保护环境的空间格局、产业结构、生产方式和生活方式。大力提升系统思维能力，将推动长江经济带绿色发展与推动长江经济带创新发展、协调发展、开放发展、共享发展相融合，统筹各地改革发展、各项区际政策、各领域建设、各种资源要素，整体提升长江经济带发展质量。切实转变领导干部政绩观，把修复长江生态环境摆在压倒性位置，将生态发展、环境保护等指标和实绩作为干部考核的重要内容，倒逼领导干部切实肩负起生态保护之责，绝不以牺牲生态环境为代价换取长江经济带一时的经济发展。

大力促进长江生态环境协同保护。要根据主体功能区规划要求，明确长江沿线各地区环境容量，推动建立负面清单管理制度和长江生态补偿机制，强化环境污染联防联控和流域生态环境综合治理。全面推进水污染治理、水生态修复和水资源保护"三水共治"，大力促进生态环境协同保护，加快建成上中下游相协调、人与自然和谐共生的绿色生态廊道。在打好水污染防治攻坚战中，要有效构建源头控污、系统截污、全面治污三位一体的水污染治理体系，以实施重点治污工程为主抓手，以点带面、稳扎稳打、全面推进。在打赢水生态修复保卫战中，要妥善处理长江中游水库与中下游水系生态之间的关系，加强重点湖泊生态安全体系建设和水系整治，强化水生生物多样性保护。在打胜水资源保护持久战中，要重点保护饮用水水源地，统一管理和调度流域水资源，落实最严格的水资源管理制度，优化水资源配置。

全面推动区域绿色循环低碳发展。把长江经济带建设成黄金经济带，必须全面推动形成以综合交通运输网络为支撑、以产业绿色发展为核心、以沿江城市群为载体的区域绿色循环低碳发展新格局。要加快建设绿色交通生态走廊，加强区域交通基础设施互联互通，集成化完善综合交通网络，集约化推动绿色交通发展，全面建设集公铁水联运、绿化美化、低碳环保为一体的绿色交通生态走廊。深化供给侧结构性改革，以传统产业绿色化改造为重点，以绿色科技创新为支撑，实施绿色发展行动计划，引导产业合理布局和有序转移，着力优化沿江产业结构，联合打造世界级产业集群，推动形成实体经济、科技创新、现代金融、人力资源协同发展的区域绿色产业体系。构建一体化城市群生态体系，按照推动三大城市群错位发展的战略要求，把生态文明理念全面融入长江经济带城市群建设，着力打造长三角世界级城市群生态体系，着力展现长江中游"两型"社会建设生态示范，着力构建长江上游生态屏障。

加快推进绿色发展体制机制创新。推动长江经济带高质量发展，必须深化包括转变政府职能在内的体制改革，推进长江经济带绿色发展体制机制创新。要创新区域合作治理模式，将原有的政府单一治理主体转变为政府、企业、社会组织、居民合作治理主体，完善一体化发展决策机制和咨询机制，建立区域内项目联合审批制度。进一步完善联合管理机制，加快建立起政府间的联合管理机制，通过联合执法、行政授权、行政委托或派驻等形式，实现沿江行政执法的无缝对接，避免违法行为利用地域管辖权的变化而逃避法律责任。协同区域性立法权限和立法资源，充分尊重地方差异性和地方特色，授予地方政府广泛的自主权，注重区域性立法资源的统一优化整合，每项立法以多种方式广泛听取区域治理主体的意见和建议，使绿色发展更符合长江经济带发展实际和人民美好生活需要。

（作者：成长春，南通大学原党委书记，南通大学江苏长江经济带研究院院长，智库首席专家，教授，博导；江苏省中国特色社会主义理论体系研究中心南通大学基地主任）

以体制创新推动长江经济带绿色发展

党的十八大以来，在长江经济带发展战略指引下，长江沿线11省市牢固树立绿色发展理念，优化产业结构、强化环保治理、统筹协调联动，一张生态文明建设的"壮美画卷"正在泼墨描绘。（新华社发）

习近平总书记在党的十九大报告中明确指出："以共抓大保护、不搞大开发为导向推动长江经济带发展。"这是在新的历史起点上推动长江经济带发展的总要求和根本遵循。长江经济带是大跨度的经济带，推动长江经济带绿色发展，必须通过体制创新，促进上中下游协同融合、东中西部互动合作，汇聚多方力量共同将长江经济带打造成我国生态文明建设的先行示范带。

一、长江经济带绿色发展面临的现实不足

长江经济带作为典型的流域经济形态，在多年发展后取得了显著成效，但存在的问题也较为明显，一体化大格局仍有待形成。

1. 全流域经济绿色发展须防范同质化倾向

长江经济带涉及沿江几百个大中小城市，20世纪90年代开始，流域内各省市都逐步提出了各自的沿江发展战略，虽然在一些区域范围内建立了经济合作区和城市圈，但是一些省市对更大范围一体化发展的积极性不高，在一定程度上造成了产业的同质化和发展的碎片化。

2. 维护流域安全呼唤管理模式创新

长江经济带目前已经集航运、水利、采矿、发电等多项工业功能于一身，负载过重。近年来，沿江各地加速建设工业园区和重化工企业，长江航线上运输的物品中不乏危险化学品，给流域安全带来隐患。这些问题与沿江地区的公共安全、经济发展、社会稳定密切相关，必须改变多年形成的对长江的割裂型管理模式。

3. 多重诉求拉大区域间利益差别

在长三角、长江中游、成渝三大跨区域城市群以及黔中、滇中两大区域性城市群中，长三角城市群由于人才集聚，高校及科研院所分布较为广泛，已处于以高新技术产业为主导的技术知识集约化阶段，面临着优先发展服务经济的任务。相比之下，其他城市群第二产业、第三产业比重差距仍然较大，特别是长江上游地区整体上还处在工业化加速发展阶段，重点仍然是推进工业化、城市化，区域之间的异质化很大程度上影响了长江经济带绿色发展目标的确定。

4. 全流域绿色发展须有效统筹协调

长江经济带涉及水、路、港、岸、产、城和生物、湿地、环境等多个方面，是一个完整系统，需要统筹谋划。实际建设中，铁路新线和大型机场、港口等重大基础设施的统一规划与建设问题尚未得到有效解决，长江黄金水道跨区联运与经济发展要求存在落差，水安全、防洪、治污、港岸、交通、景观等融为一体的区域生态合作机制尚未形成。由于缺少统筹协调，长江经济带共抓大保护的格局尚未形成，长江经济带的绿色发展难以有效推进。

二、长江经济带绿色发展的对策建议

2017年年底的中央经济工作会议指出，推进长江经济带发展要以生态优先、绿色发展为引领。长江经济带需要结合自身制度条件和环境条件，不断深化包括转变政府职能在内的体制改革，创新长江经济带绿色发展的体制。

1. 深化改革，创新区域合作治理模式

一是构建区域合作治理主体体系。党的十九大报告提出："构建政府为主导、企业为主体、社会组织和公众共同参与的环境治理体系。"建议重构区域合作治理主体体系，将原有的政府单一治理主体转变为政府、企业、社会、居民合作治理主体。政府负责绿色发展的公共政策制定与总体规划、总体协调；企业承担绿色发展所必需的公共产品和公共服务的生产与供给，承担相关产业投资与项目建设任务；民间组织承担部分力所能及的绿色发展所涉公共事务，助力协调相关区际利益冲突和均衡问题；公民参与监督评估工作，并分享长江经济带绿色发展的公共产品与公共服务产生的成果。

二是以流域整体利益包容吸纳利益碎片。建议协调各方利益主体，设立由国内外知名学者、企业家组成的"长江咨询委员会"，负责提供长江区域发展规划方案，优化区域利益碎片与整体利益关系，以整体利益包容利益碎片。

三是放大区域合作正"溢出效应"。首先，建立区域内项目联合审批制度。编制联合审批标准并运用网络治理平台，突破碎片式审批体制困境。其次，建议在长江经济带建立生态环境监测网络，实现环境质量、重点污染源、生态状况监测全覆盖，量化城市和地区间污染物传输量，明确各地大气污染物排放份额。最后，创设有效连接经济与生态的技术系统，在不发达地区的生态保护和绿色发展中发挥强化功能、替代功能和开发功能。

2. 协同联动，构建沿江绿色生态廊道

一是规划联动。建议由中央牵头制定完善长江流域综合规划，在已有规划的基础上，加快编制长江岸线开发利用和保护总体规划、长江经济带生态环境保护规划等专项规划，形成相互衔接、有机统一的规划体系，从制度安排层面确立优化开发、重点开发、限制开发和禁止开发四类主体功能区，统筹考虑长江经济带的人口分布、经济布局、国土利用和城镇化格局，更好发挥规划引领作用。

二是产业联动。充分发挥长江上中下游地区各自自然地理、资源环境等优势，形成互为补充的产业链，各地要对产业发展形成共识，避免重复建设或恶性竞争，共同抵制高风险、高污染产业，避免个别地区为了眼前利益而侵害长江经济带的整体利益。建议通过定期的政府间、行业间联席会议来协商解决上中下游地区产业布局优化问题。

三是管理联动。建议对一些由沿江各地政府分散管理的事项，加快建立起各地政府间的联合管理机制，通过联合执法、行政授权、行政委托或派驻等形式，实现沿江行政执法的无缝对接，及时固定证据并移交相关部门处理，避免违法主体利用地域管辖权的变化而逃避法律责任。支持和规范"湖长制""河长制"，引导公众及社会组织依法开展环保活动。

3. 因地制宜，选择"群—带"结合新路径

城市群是长江经济带绿色发展的空间依托。建议通过城市群的局部绿色转型带动长江经济带的整体绿色发展，形成"群—带"结合的绿色发展新路径。

首先，将长三角、长江中游、成渝、黔中、滇中五大城市群，打造成具有重要影响力的生态型城市群。在各大城市群之间，推动形成集公铁水联运、绿化美化、低碳环保为一体的绿色交通生态走廊，将五大城市群和沿江城市串联成分工协作、美丽相连的绿色发展带。

其次，将绿色城镇化理念全面融入城市群建设，尊重自然格局，依托现有山水脉络优化城市空间布局形态，形成绿色低碳的生产生活方式和城市建设运营模式，大力推进工业园区污染集中治理和循环化改造，鼓励企业采用清洁生产技术，推进生态共保、环境共治。

最后，加快推进以重点林业生态工程为骨架，以城镇、村庄绿化为依托，以公路、铁路、河渠、堤坝等沿线绿化为网络的区域绿色通道建设，改善沿线生态环境；加快构建安全便捷、畅通高效、绿色智能的现代综合交通运输体系。通过绿色通道、绿色交通建设，营造城市群之间的美丽风景线，促进城乡面貌整体提升。

4. 制度安排，推进区域合作法治化进程

一是协同区域性立法权限和立法资源。一方面，协同立法权限。充分尊重地方的差异性和地方的特色，授予地方政府广泛的自主权，允许地方政府之间建立伙伴关系，促进地方政府间合作并实现区域经济一体化。在协同立法权限方面，将合作较为成功和具有典型示范性的区域合作方式纳入其中。另一方面，整合立法资源。注重立法本体资源和立法社会资源的统一优化整合，这样既可以避免不公平合作的出现，也可以有效地解决争议。每个立法以多种方式广泛听取区域治理主体的意见和建议，使绿色发展更符合现实需要和本地实际。

二是完善流域综合性的法律规范。制定"长江经济带综合管理法"，形成统筹整个经济带的水资源保护和污染防治、生态环境保护、资源开发管理等各个方面有法可依的综合性法律框架，并明确其与长江经济带现行的各专门法律法规之间的关系，进而形成完善的流域综合管理法律法规体系。长江经济带发展战略的体制保障，既需要建立综合性管理机构和总体政策框架来整合分散的属地和部门政策，又要重视区域发展的差异因素对区域协调发展、统一市场形成的制约。同时，要尊重上中下游在资源环境开发利用上利益和责任的差异，探索多样化的区域协调发展模式，形成一套促进、引导与规范经济带建设的制度架构。

协调性均衡发展与绿色发展贯穿于长江经济带建设全过程，应创新长江经济带绿色发展体制、突破体制障碍梗阻，让长江经济带重新焕发生机与活力，早日实现"绿色长江梦"。

（本文为教育部哲学社会科学研究重大课题攻关项目"推动长江经济带发展重大战略研究"〔17JZD024〕成果）

（作者：成长春，南通大学江苏长江经济带研究院院长；臧乃康，江苏省中国特色社会主义理论体系研究中心南通大学基地副主任）

以产业绿色转型推动长江经济带绿色发展

长江是中华民族的母亲河，建设长江经济带，必须走绿色低碳循环发展之路。现实地看，推动产业绿色发展是破解长江经济带资源、环境约束的重要突破口，是实现长江经济带生态安全的重要保证，也是当前急需探讨和解决的关键问题。

一、向"绿"转型的主要困难：产业结构重型化、产业布局不合理、治污投资力度弱

当前，推动长江经济带产业实现绿色转型，主要面临以下三方面问题。

一是产业结构"偏重偏化"特征明显。采矿业等资源型产业是长江中上游地区的重要产业，尤其是四川、贵州、云南等地，对采矿业依赖程度较高。采矿业及其相关高能耗、高污染产业，损耗资源严重，破坏了当地生态环境。与此同时，高污染型产业在长江经济带占比较高。钢铁、有色金属、建材、化工和电力等项目密布长江沿线，部分重化工产品产量庞大，在全国乃至世界都占有重要地位。目前，部分重化项目仍采取较为粗放的生产模式，工业能耗、物耗和污染水平居高不下。

二是产业布局不合理。一方面，长江经济带产业布局与资源配置错位。当前，沿江各地都提出了各自的沿江发展战略，强调布局更大的项目和产业园区，追求大投资、高产出，造成长江经济带产业布局与资源、要素和市场现状不相适应，企业的相关布局亦与实际脱节。同时，长期以来形成的上、中游地区的能源产业和下游地区的能耗型产业集中布点，进口原油西运加工，毛、麻、丝等天然纤维原料东运生产，这些都大大增加了

资源环境承受的压力。

另一方面，部分沿江地区产业布局同质化严重。长江沿岸有几十万家化工企业，主要污染物排放总量超过环境承受能力，一些污染型企业距离居民区和江边过近，部分企业环保措施仍不到位。同时，一些地区排污口、港区、码头与取水口布局不合理，也存在诸多风险和隐患。

三是工业企业对污染治理的投入不足。与全国平均水平相比，长江经济带沿线地区对污染治理的投资力度更大，但就其绿色发展的实际需求看，仍显不足。近年来，生产成本上升等因素对企业盈利能力造成较大压力，企业对节能减排的投入动力不强。如何更好地处理实现绿色转型与保持稳定增长之间的关系，是长江经济带沿线企业需要解决的重要问题。

二、化解症结的着力方向：优化制度供给、加强区域合作、创新体制机制

推动长江经济带产业绿色发展，一个重要举措就是构建层次分明、优势突出、生态高效的现代产业体系。实现这一目标，离不开良好的市场环境和政策环境，下一步应朝着这个方向切实发力。

一是进一步优化制度供给。当前，长江流域的环境保护工作仍受地方政府的增长偏好、财税体制和不完善的生态补偿机制等因素较大制约。对此，必须沿着供给侧结构性改革的思路推进相关工作，采取最严厉的环保规制，制定长江经济带统一的产业目录，明确限制、禁止、淘汰产业清单，协同控制高耗水、高污染、高排放工业项目新增产能，倒逼企业加快科技创新与产品升级步伐，增强企业创新能力，提高企业绿色制造的技术水平。需在深入开展税收体制改革、调整沿江重化工布局和结构，以及优化生产、生活和生态空间布局等方面寻找良策，实现更高质量、更有效率、更加公平、更可持续的发展。

二是切实推动和加强区域合作。长江上中下游地区应充分发挥各自优势，统筹规划、联动发展。在思想认识上形成"一条心"，在实际行动中形成"一盘棋"，统筹研究长江流域总体规划、重大产业布局、重大基础

设施建设等问题，减少沿线产业无序竞争，提升长江经济带发展的系统性和协调性，加快形成"协调性均衡"的发展格局。同时，沿线省市还应协同加强流域生态系统修复和环境综合治理，协同实施联防联控政策，在打造一条"生态走廊"的同时，建设一条"经济走廊"。

三是不断创新体制机制。各地要处理好市场与政府的关系，慎用、巧用政策手段发挥市场在资源配置中的决定性作用。在深入推进生态长江法治建设、建立健全促进绿色产业发展相关机制、完善生态环境保护合作机制和补偿机制上下足功夫。

三、推动转型的突破口：聚焦科技创新、优化产业结构、重视园区建设、强化环保约束

首先要聚焦科技创新。应提高绿色企业的自主创新能力，通过技术创新提升企业全要素生产率。充分认识绿色技术的正外部性，通过技术标准、排污税费、补贴等政策工具，激发企业对绿色技术的应用需求，改变绿色技术产品需求不旺的现状；通过征收资源环境税等措施，促进资源环境外部性内部化，提振企业对绿色产品的需求。

同时，还应大力宣传生态文明理念，让全社会参与并监督绿色发展政策的制定与实施，营造绿色生活、绿色消费的社会氛围。

其次要优化产业结构。一是改造升级传统制造业。支持企业自主创新和技术改造，运用市场化手段淘汰和转移过剩产能。二是培育发展新型高端制造业，依托重大项目和专项工程，发展战略性新兴产业等高加工度和高技术密集度产业。三是做好长江经济带产业布局，完善产业链配套，打造电子信息、高端装备、汽车、家电、纺织、服装等世界级产业集群，实现产业、城市融合发展。

同时，积极构建沿江区域创新体系。引导创新要素向企业集聚，形成一批拥有核心技术和自主品牌的龙头企业，立足长江经济带的智力优势和重点产业，加强统筹规划，新建一批国家级创新平台，实现跨机构、跨地区的开放运行和共享。支持建设国家地方联合创新平台，探索建设工业技

术研究院等新型研究机构，在沿江重要节点城市建立一批成果转移中心、知识产权运营中心和产业专利联盟，把长江经济带建设成为全国创新示范区。

再次要重视园区建设。一方面应推进园区绿色循环发展，从生态产业、生态工业园、生态城市和生态流域等不同层面推进循环经济和低碳经济。优化工业园区布局，加强企业、园区、行业间的原料互供和资源共享，减少生产流通环节中的能源消耗和污染物排放。健全源头节约、循环利用、安全处置全过程的激励机制，鼓励和支持循环经济发展。

另一方面，要提升园区生态环境保护水平。提高开发利用岸线使用效率，合理安排沿江工业与港口岸线、过江通道岸线、取水口岸线。推进国家级承接产业转移示范区建设，以开发区、产业园区为载体，加快提高基础设施和产业配套水平。统筹要素资源，加大对工业园区绿色发展的扶持力度，优化制度环境，深入推进园区和行业环境整治联动，引导企业自发地在循环经济、清洁生产、自主创新、节能减排等领域加大投入。推动沿江特色工业园区的绿色发展，促进同类产业的集聚和整合。鼓励沿江园区跨江融合，发展飞地经济，发挥特色工业园区在区域发展中的引领和辐射作用。

最后是强化环保约束。对标长江经济带产业绿色发展要求，出台工业节能环保标准，严格执行节能环保法律法规。大力发展节能环保产业，营造公平的市场环境，加强沿江科技成果培育申报，加强科技平台建设和管理，鼓励建设环保产业技术联盟，完善节能环保科技创新服务体系，更好地推进节能环保技术成果产业化、工程化。

（作者：成长春，南通大学江苏长江经济带研究院院长，教授，博导）

探索推动长江经济带高质量发展的新路径

> 2018年4月26日,习近平总书记在武汉主持召开深入推动长江经济带发展座谈会并发表重要讲话,站在民族复兴的时代高度和战略视角,进一步明确了以长江经济带发展推动经济高质量发展这一重大国家战略的指导思想、实践路径和根本目标,成为新时代推动长江经济带高质量发展的重要指针。

一、新部署:让长江经济带成为高质量发展的重要引擎

2018年4月26日,习近平总书记在武汉召开的深入推动长江经济带发展座谈会上的重要讲话,对推动长江经济带高质量发展做出了新部署,主要体现在三个方面:一是战略定位更高远。推动长江经济带发展是党中央做出的重大决策,是关系国家发展全局的重大战略。从"重大区域发展战略"到"关系国家发展全局的重大战略",标志着长江经济带发展的战略定位已上升到全局高度。二是问题把握更精准。深刻分析了长江经济带高质量发展面临的突出问题和主要挑战。首先是认识层面,对长江经济带高质量发展认识的全面性和完整性亟待提高;其次是体制机制方面,生态环境协同保护等体制机制亟待建立健全;再次在发展质量上,流域发展不平衡不协调问题突出,生态环境形势依然严峻。三是高质量发展决心更坚定。明确了推动长江经济带发展,必须坚持新发展理念不动摇,坚持稳中求进工作总基调,坚持"共抓大保护、不搞大开发",在保护中发展,在

发展中保护,严守生态红线。

要深刻领会习近平总书记关于长江经济带高质量发展的新部署,必须准确理解"五个关系",廓清逻辑体系,把握辩证关系。正确把握整体推进和重点突破的关系是前提。修复长江生态环境是一项系统工程,牵涉面广,工作量大。只有坚持整体整治、标本兼治,在系统梳理隐患和风险的基础上,分类施策,统筹各类生态要素,才能把握大局,实施好生态修复和环境保护工程。正确把握生态环境保护和经济发展的关系是核心。这是由长江经济带发展的地位和作用决定的,也是长江经济带生态环境可持续发展的客观要求。"共抓大保护、不搞大开发"不是不要大的发展,而是要把生态修复放在首位,立下生态优先的规矩,倒逼产业转型升级,使绿水青山产生生态效益、经济效益、社会效益。正确把握总体谋划和久久为功的关系是基础。推动长江经济带发展是一项长期战略任务。要确保一张蓝图绘到底,就必须充分认识到任务的长期性和艰巨性。只有围绕既定目标,明确时间表、路线图,稳扎稳打,分步推进,久久为功,才能始终围绕高质量发展主题不偏离。正确把握破除旧动能和培育新动能的关系是关键。创新能力的提升是长江经济带高质量发展的重要体现,新一轮的科技革命使得以创新生产要素为支持的经济发展新动能逐渐成了引领发展的主导力量。必须通过破除旧动能和培育新动能,努力在科技、产业、模式和品牌等领域取得关键突破,推动长江经济带建设现代化经济体系。正确把握自身发展和协同发展的关系是支撑。长江经济带覆盖11省市,流域沿线地区经济发展水平差异明显,涉及水、路、港、岸、产、城等多个方面。只有树立"一盘棋"的思想,运用系统论的方法,按照中央统筹、省负总责、市县抓落实的管理体制,充分发挥各有关部门单位和沿江省市的作用,才能实现错位发展、协调发展,合力推动长江经济带高质量发展。

二、新变化:切实把"生态优先、绿色发展"贯彻落实到长江经济带高质量发展进程

习近平总书记在重庆召开推动长江经济带发展座谈会的两年多以来,

长江经济带建设取得了明显的改观。

一是生态保护与修复成效显著。长江干流22个重点断面水质均符合或优于Ⅲ类标准，上海、江苏、浙江、湖北、湖南、重庆、四川、贵州8省市PM2.5及PM10浓度实现双降。南京、杭州、武汉、长沙、成都、贵阳6个省会城市首要污染物同比削减率超过2%。沿线11省市2016年绿色发展指数平均达到80.4，高于79.2的全国平均水平，并在资源利用、环境治理等7个方面保持领先。其中，浙江、上海、重庆、湖北、湖南、江苏、云南7省市生态文明建设年度排名进入全国前十。

二是自主创新能力不断提升。在布局国家级制造业创新中心的同时，加快建设上海张江综合性国家科学中心、合肥综合性国家科学中心，支持建设海洋工程总装研发设计、大气环境污染监测先进技术与装备等一批国家工程实验室。沿线城市也纷纷出台政策，扶持"智能"产业：上海启动智能制造应用"十百千"工程；武汉打造"机器人之都"，重点布局工业机器人、智能成套装备等产业；在合肥，由工信部与安徽省政府共建的中国声谷成为扶持"智能"产业发展的落脚点。

三是转型发展提质增效。从产业结构来看，2015年第三产业比重首次超过第二产业，实现了"三二一"型产业结构转变，2016年三次产业结构为8.10：42.88：49.02，与2012年比较，第一产业比重下降1%，第二产业比重下降6.2%，而第三产业比重上升7.2%，新兴服务业的快速发展，对长江经济带的支撑作用进一步凸显。从具体产业看，重庆、武汉、合肥、南京、上海等地区的集成电路、平板显示、物联网、云计算、人工智能、大数据等新一代信息技术产业发展势头迅猛，武汉光谷在光电子产业领域发展成果明显。

四是新型城镇化建设持续推进。长江经济带作为国家新型城镇化发展战略的主战场和主阵地，坚持走绿色发展之路，在经济总量稳步增加、人均GDP快速增长、地方财政实力明显增强的同时，新型城镇化建设快速推进，2016年，上海（87.9%）、江苏（67.7%）、浙江（67.0%）、重庆（62.6%）和湖北（58.1%）5省市的常住人口城镇化水平高于全国平均水平（57.4%）。

五是综合立体交通走廊加快建设。南京以下12.5米深水航道建设二期工程进展顺利，上海港洋山四期基本建成，宁波—舟山港一体化改革全面完成，江苏南京以下区域港口一体化改革试点工作有序推进，沪昆高铁贵昆段等一批重大工程建成运营，综合交通网络建设成效明显。上海国际航运中心加快建设，上海与浙江共同建设小洋山北侧江海联运码头取得实质进展，江海直达运输系统建设稳步推进。关检合作"三个一"已全面推广至所有直属海关和检验检疫部门，上海国际贸易"单一窗口"3.0版上线运行，区域通关一体化成效显著。总体来看，长江经济带黄金水道功能不断提升，枢纽互通进一步改善。

六是体制机制不断完善。2016年1月，覆盖全流域的长江经济带省际协商合作机制正式启动。长江下游地区的上海、江苏、浙江、安徽四省市建立了"三级运作、统分结合、务实高效"的合作协调机制。同年12月，长江上游地区的重庆、四川、云南、贵州四省市签署了《关于建立长江上游地区省际协商合作机制的协议》。长江中游地区的湖北、江西、湖南三省签署了《关于建立长江中游地区省际协商合作机制的协议》，同时，三省还签署了《长江中游湖泊保护与生态修复联合宣言》。长江经济带省际协商合作机制全面建立，多层次省际协调基本框架基本形成。

三、新思路：协调性均衡推动长江经济带高质量发展

长江经济带要坚持以"生态优先、绿色发展"为引领，通过协调性均衡发展，推动经济发展质量变革、效率变革、动力变革，彻底解决不平衡不协调问题，实现高质量的目标，努力建成生态更优美、交通更顺畅、经济更协调、市场更统一、机制更科学的黄金经济带。

一是协调性均衡推动长江经济带绿色发展。要促进长江生态环境协同保护。要牢牢把握修复长江生态环境这个压倒性任务，强化环境污染联防联控和流域生态环境综合治理，协同推进"三水共治"。从建立负面清单制度等方面入手，依靠最严格制度和最严密法治保护生态环境，加快建成

上中下游相协调、人与自然和谐共生的绿色生态廊道。要推动区域绿色循环低碳发展。充分运用市场化手段，完善资源环境价格机制，以传统产业绿色化改造为重点，以绿色科技创新为支撑，以绿色金融为杠杆，加快形成节约资源和保护环境的空间格局、产业结构、生产与生活方式。完善复合多式联运交通系统，加快建成安全便捷、绿色低碳的综合交通运输网络。把生态文明理念全面融入长江经济带城市群建设，打造长三角世界级城市群生态体系，展现长江中游"两型"社会建设生态示范，构建长江上游生态屏障。

二是协调性均衡推动科创资源区域统筹。要建立完善联动合作机制，提升协调创新效率。充分发挥上海全球科创中心引领作用，构建跨区域创新合作联盟，瞄准智能制造装备、新能源、新材料、物联网与大数据、航空航天等高精尖的关键核心共性技术，协同开展科学研究和产业化应用示范，搭建成果转化平台。同时，加强创新资本、市场、人才等要素支持，培育壮大绿色技术创新主体，为产业转型升级提供有力支撑。要在重要节点布局世界级制造业创新中心和科技智库。在沿线11个省会城市和直辖市进行分层次、网络化布局，分阶段有序推进，打造综合型制造业创新中心，构建覆盖全流域的制造业创新网络，满足区域创新引擎发展需要。

三是协调性均衡构建现代化经济体系。要加快推动统一大市场建设。打破地区间行政壁垒，加快互联互通，推进沿江港口多式联运和集疏运体系建设，打造综合立体交通走廊，推进长江经济带产业转移、产业链对接和要素流动。支持园区共建、产业飞地等战略合作方式，推动长江经济带形成优势互补、合作共赢的新格局。要推进供给侧结构性改革。在改革创新和发展新动能上做"加法"，在淘汰落后过剩产能上做"减法"，形成集聚度高、国际竞争力强的现代产业走廊。推进工业园区污染集中治理和循环化改造，倒逼沿江产业转型升级。协同推进全流域生产性服务业向专业化和价值链高端延伸，推动制造业由生产型向生产服务型转变。依托世界级城市群建设，打造世界级产业集群，实现城市群的错位发展、协调发展、共赢发展和高质量发展。

四是协调性均衡推动形成长江经济带对外开放新格局。要加快自贸区建设。发挥沿线11省市与上海、浙江、湖北、重庆、四川5个自贸区重叠结合的优势，营造国际化、市场化、法治化营商环境，有序推进公共社会服务、生产性服务领域以及金融领域的对外开放，提升自贸区功能。积极打造自贸港，逐步实现价值链全覆盖式监管改革，提升开放型经济水平。要加强与"一带一路"建设衔接。建立"一带一路"环境技术交流与转移中心，支持发展海外人才离岸基地与创新平台，开展跨境绿色科技创新合作，培育国际经济合作新优势。加快高科技信息化技术与港航综合物流服务体系相互融合，打造若干无水港，推进长江大通关体制改革，提供更加便利化和无差别化的发展环境，加快建设陆海双向对外开放新走廊。

（本文系2016年度国家社会科学基金重点项目"长江经济带协调性均衡发展研究"〔16AJL015〕阶段性成果）

（作者：成长春，南通大学原党委书记，南通大学江苏长江经济带研究院院长，智库首席专家，教授，博导）

扛起推动长江经济带高质量发展的历史责任

> 面向未来，如果听任长江环境继续恶化下去，我们不仅会失去经济的血脉、发展的支撑，而且最终将失去生存的家园。保护长江是江苏破解资源环境约束、化解产业经济发展与生态安全矛盾的必然选择。
>
> 坚决贯彻好习近平总书记重要战略思想，与沿江省市协同推动长江经济带高质量发展，让母亲河永葆生机活力，江苏有责任、有需要、也有能力带头肩负起使命。

党的十八大以来，习近平总书记围绕推动长江经济带发展做出的一系列重要指示，是推动长江经济带发展的思想指引和根本遵循。

省委书记娄勤俭在长江经济带发展工作推进会上强调，要深入学习贯彻习近平总书记关于推动长江经济带发展的重要战略思想，进一步增强思想自觉和行动自觉，全力修复长江生态环境，着力建设沿江绿色生态廊道，共同打造有机融合的绿色高效经济体，以扎实工作走在长江经济带高质量发展前列，唱好新时代的长江之歌。

江苏在深入推动长江经济带发展中，需要深刻理解习近平总书记关于保护长江生态、推动长江经济带高质量发展的重要战略思想。

一是深刻理解"共抓大保护、不搞大开发"的战略导向。回顾历史，长江沿线由于受到发展阶段的局限，长期以来走的是一条粗放式发展道路，长江经济带的环境承载力已然接近或达到上限，成为其持续发展的瓶颈。就江苏情况来看，沿江8市二氧化硫排放量、化学需氧量、氨氮排放量分别是全国平均水平的5.9、4.6、6.7倍，部分支流污染严重，生物多样性受到损害。此外，长江两岸集聚了约2/3的重化工产能，分布有110多个化工码头，年过境危化品超2亿吨，陆上风险和水上风险叠加。面向未来，如果听任长江环境继续恶化下去，我们不仅会失去经济的血脉、发展的支撑，而且最终将失去生存的家园。保护长江是江苏破解资源环境约束、化解产业经济发展与生态安全矛盾的必然选择。

二是深刻理解"生态优先、绿色发展"的路径指向。江苏在推动长江经济带发展中，要正确把握好"五个关系"，在新发展理念指引下，凝聚发展共识，探索一条生态优先、绿色发展新路，实现科学、有序、可持续发展。江苏省沿江地区一直是全省经济的"发动机"，2017年，沿江地区经济总量占全省八成，集中了全省90%以上的冶金和石化企业、60%以上的电力企业、70%以上的水泥和造纸企业，有力地带动了沿江产业发展。同时，全省80%的生产生活用水源自于长江，保护长江生态，对江苏而言至关重要。率先探索生态优先、绿色发展之路，既是贯彻落实国家战略的具体行动，也是引领全省经济高质量发展的战略支撑。

三是深刻理解"树立一盘棋思想"的内涵要求。推动长江经济带高质量发展是关系全局的大事，是复杂的系统工程。江苏跨江滨海，地处长江下游，是"一带一路"与长江经济带的交会区域，也是中国"T"型经济发展战略带结合部，具有承启东西、贯通南北的独特区位优势。江苏是长江经济带发展基础最好、综合竞争力最强的地区之一，在制造业若干细分行业已有一批企业达到或接近世界先进水平，2017年两化融合发展水平（57.7分）位居全国首位、各类众创空间和科技企业孵化器数量全国第一，2018年5月8日长江南京以下12.5米深水航道二期工程正式试运行，对"一带一路"建设的支撑作用凸显。坚决贯彻好总书记重要战略思想，与沿江省市协同推动长江经济带高质量发展，让母亲河永葆生机活力，江苏有责任、有需要也有能力带头肩负起使命。

党中央提出长江经济带战略后，江苏省委、省政府高度重视，以供给侧结构性改革为主线，以"生态优先、绿色发展"为引领，周密部署，狠抓落实。全省上下在工作理念、政策体系、协同机制等方面成效显著。与此同时，我们应当清醒地认识到，近年来长江江苏段生态环境形势仍非常严峻，仍存在不少片面认识，思路举措仍需进一步明晰。

作为长江经济带龙头的重要省份，下一阶段江苏应紧紧围绕推动长江经济带发展的总基调、战略定位、目标任务，更加准确、深入、透彻地领会习近平总书记重要战略思想的精髓，坚持新发展理念，正确把握"五个关系"，以生态优先、绿色发展为引领，自觉扛起责任，进一步解放思想、探索新路、抓住机遇、加快转型、尊重规律、系统推进，让母亲河永葆生机活力。

构筑沿江绿色生态廊道。牢牢把握修复长江生态环境这个压倒性任务，按照"多规合一"的要求，一张蓝图管到底，让绿色成为长江的鲜明底色。坚持源头治理、系统治理，制定"三线一单"（生态保护红线、环境质量底线、资源利用上线，环境准入负面清单），深入推进263专项行动，全面实施生态河湖行动计划，打好治水、治气、治土三大攻坚战。严守生态空间，"增绿"与"复绿"并举，扩大环境容量，增加生态空间，稳定生态系统。从生态环保角度为产业发展提前定好规则，加快传统产业绿色化改造关键技术研发，支持绿色制造产业核心技术研发，鼓励支撑工业绿色发展的共性技术研发，实现在保护中发展、在发展中保护，形成绿色发展格局。充分发挥企业在生态保护与修复中的主体作用，发展清洁生产，以供给侧结构性改革为导向，推进结构节能、技术节能和管理节能，提升生态环境保护建设能力。

打造绿色高效经济体。大力发展绿色产业，发展绿色工业园区，支持企业建设绿色工厂，推行绿色设计，开发绿色产品，打造绿色供应链，实施绿色制造+互联网，推进绿色产业体系建设。统筹考虑产业合理布局，按照"明确主导产业、培育龙头企业、突破关键技术、产业跨界融合"的原则，制订实施重点产业集群培育促进计划，以南京、常州为重点探索智能制造个性化定制新模式，加快培育以智能制造为标志的具有核心关键技术、国际知名自主品牌、全球竞争力强的世界级先进产业集群以及与其深

度融合的现代服务业集群，形成人工智能、石墨烯、纳米技术等千亿级先导性制造业基地。重塑城市群源头控制、多元共治的协同治理格局，打造长江经济带示范性"绿色城市群"，提升城市辐射带动力，着力构建"城乡命运共同体"。着眼全球抓住"一带一路"发展机遇，促进沿江地区成为集聚全球高端要素、参与高端竞争的开放引领区，提升绿色发展领域的国际交流层次和开放合作水平，为全球生态安全做出新贡献。

完善综合立体交通网络。突出交通在节能减排、资源集约利用和生态环境保护等方面的作用，加大在新能源汽车、充电桩、城市交通拥堵治理等方面的工作力度，显著提升绿色出行比例，鼓励使用清洁高效运输装备。加快互联互通，以我为主系统化、高质量构建层次分明、功能互补的快速交通网、干线交通网和集散交通网，强化铁路网、公路网、水运网、航空网、管道网等多网融合发展。进一步推进交通供给侧结构性改革，在基础设施方面，补齐短板、强化衔接、消除瓶颈、优化网络，重点围绕加快构建高速快速铁路主骨架，着力推进苏中、苏北高速快速干线铁路网建设，同时，推进航空、港口、过江通道等重大基础设施建设，提升港口整合效率，依托铁路和机场，扩充枢纽场站，以推进多式联运为目标，加强集疏运体系建设，完善铁路专用线、专用集疏运公路等货运集疏运设施配套，提高枢纽辐射能力和运输效率，做大做强枢纽经济。

加快体制机制创新步伐。尽快建立与完善江苏横向生态补偿机制。对限制开发区域与生态红线区域给予合理的生态补偿，保障限制开发区域与生态红线区域居民、企业和政府的正当利益。加快完善跨区域共建园区体制机制。建立健全多方联席会议制度，完善税收分成政策、投资支持政策、税费优惠政策等体制机制，创新园区管理模式，激发企业的创新主体作用，加强区域产业综合服务体系建设，实现跨区域合作共赢。健全城乡融合发展体制机制。建立城乡规划融合的管理体制和工作机制，按照城乡"定位不同、功能互补、有机融合、同样美好"的理念，统一编制城乡发展规划，实行多规合一，统筹城乡资源要素和管理政策，解决规划城乡脱节和制度的区域分割，以规划融合促进发展融合。建立完善以"构建统一大市场"为目的的跨区域经济发展合作机制。加强沿江 8 市在实体经济、科技创新、现代金融、人力资源方面的协同互动，共同优化营商环境、知识产权保护和信用体系。

（作者：成长春，南通大学原党委书记，南通大学江苏长江经济带研究院院长，智库首席专家，教授，博导；冯俊，南通大学江苏长江经济带研究院副研究员）

协调性均衡推动长江经济带高质量发展

推动长江经济带发展是党中央做出的重大决策，是关系国家发展全局的重大战略。习近平总书记4月26日在深入推动长江经济带发展座谈会上指出："坚持新发展理念，坚持稳中求进工作总基调，坚持共抓大保护、不搞大开发，加强改革创新、战略统筹、规划引导，以长江经济带发展推动经济高质量发展。"习近平总书记的重要讲话，为新形势下推动长江经济带高质量发展指明了方向。

一、长江经济带建设取得的显著成就

自2014年建设长江经济带上升为国家战略以来，这条中华民族母亲河开启了发展新航程，在党中央坚强领导下，中央有关部门和沿江各省市党委政府积极开展各项工作，长江经济带建设在以下四大方面取得了积极进展。

一是顶层设计基本完成。2014年9月，国务院印发《关于依托黄金水道推动长江经济带发展的指导意见》，对长江经济带发展建设提出了总体要求。在同年12月的中央经济工作会议上，长江经济带作为三大战略之一被正式提出。2016年1月，习近平总书记在重庆召开推动长江经济带发展座谈会并指出，要把修复长江生态环境摆在压倒性位置，共抓大保护、不搞大开发。2016年5月30日，党中央、国务院印发《长江经济带发展规划纲要》（以下称《规划纲要》），确立了长江经济带"一轴、两翼、三极、多点"的发展新格局，明确了长江经济带发展的战略定位、主要目标和重点任务。依据《规划纲要》，多个专项规划以及沿江各省市的实施规划基本编制完成并陆续印发实施，支持政策体系逐步完善。在党的十九大报告中，习近平总书记为推动长江经济带发展指明了方向和总要求，即"以共抓大保护、不搞大开发为导向推动长江经济带发展"。2018年全国"两会"期间，习近平总书记在重庆代表团参加审议时提出，长江经济带开发要科学、绿色、可持续。近日，习近平总书记在长江沿岸考察时再次强调，要通过立规矩，倒逼产业转型升级，在坚持生态保护的前提下，发展适合的产业，实现科学发展、有序发展、高质量发展。目前，长江经济带发展战略的顶层设计基本完成，"共抓大保护"的发展格局逐步形成。

二是生态环境明显优化。近年来，长江经济带发展领导小组办公室会同沿江省市和有关部门，先后开展了6项生态环境保护专项行动，即针对"共抓大保护"中突出问题开展的专项检查，针对沿江非法码头、非法采砂开展的专项整治，长江经济带化工污染整治专项行动，长江入河排污口专项检查行动，长江沿江饮用水水源地安全专项检查行动以及长江干流岸线保护和利用专项检查行动。截至2017年7月月底，共排查长江干线非法码头1 361座，取缔949座。同时，各部门和沿江省市积极完善生态环境保护制度，实施生态环境保护重大工程，开展生态环保专项行动。伴随绿色生态廊道建设的深入推进，近年来，长江水环境质量得到显著优化，根据国家统计局的报告，沿线11省市Ⅰ~Ⅲ类水质比例从2012年的86.3%上升至2015年的89.4%；森林覆盖率达到41.5%，超过全国19.9个百分点；节能环保领域成效显著，2015年万元GDP能耗低于全国平均水平，比2014年下降了6.2%。同时，新能源生产取得积极进展，长江经济带重点发展了核能、风电、智能电网、页岩气、太阳能光伏和生物质能源，2015年，全流域核能、太阳能和风能等新能源发电量1 006亿千瓦时，比2013年增长55.6%。

三是转型发展持续推进。在经济总量稳步增加，人均GDP快速增长，地方财政实力明显增强的同时，长江经济带新型城镇化建设也得到快速推进，截至2016年，上海（87.9%）、江苏（67.7%）、浙江（67.0%）、重庆（62.6%）和湖北（58.1%）5省市的常住人口城镇化水平高于全国平均水平（57.4%）。同时，产业转型升级步伐不断加快，2016年国家发展改革委批准漕河泾新兴技术开发区、上海市北工业园区、上海紫竹高新技术产业开发区、苏州工业园区、张家港保税区、南通经济技术开发区等33个开发区为长江经济带国家级转型升级示范开发区。从具体产业看，重庆、武汉、合肥、南京、上海等地区的集成电路、平板显示、物联网、云计算、人工智能、大数据等新一代信息技术产业发展势头迅猛，武汉光谷在光电子产业领域发展成果明显。从产业结构来看，三次产业结构更加优化。2015年第三产业比重首次超过第二产业，实现了"三二一"型的产业结构转变，2016年三次产业结构为8.10：42.88：49.02，与2012年比较，第一产业比重下降1.0个百分点，第二产业在比重下降6.2个百分点的同时，技术先进、附加值高的现代工业体系逐步形成，而第三产业比重上升7.2个百分点，上升的幅度快于全国平均水平0.9个百分点。尤其是新兴服务业快速发展，对长江经济带的支撑作用进一步凸显。由此，第三产业撑起长江经济带"半壁江山"。

四是体制机制不断完善。长江经济带"1+3"省际协商合作机制全面建立并有效运行。2016年1月，推动长江经济带发展领导小组办公室会同沿江11省市建立了覆盖全流域的长江经济带省际协商合作机制。同时，位于长江下游地区的上海、江苏、浙江、安徽4省市建立了"三级运作、统分结合、务实高效"的合作协调机制。同年12月，长江上游地区的重庆、四川、云南、贵州4省市签署了《关于建立长江上游地区省际协商合作机制的协议》。文件明确，建立上游地区省际协商合作联席会机制，加强长江上游地区统筹协调，协同破解发展难题，推进生态联防联控、基础设施互联互通、产业创新协同发展、市场一体化发展、公共服务共建共享，推动上游地区一体化发展，合力打造重要经济增长极。长江中游地区的湖北、江西、湖南三省签署了《关于建立长江中游地区省际协商合作机制的协议》，文件明确，构建决策、协调、执行三级架构，实行会商决策、协调推动、执行落实三级运作，协同优化区域经济社会发展格局，推动生态环境联防联控，加强基础设施互联互通，深化市场一体化体系建设，推动产业和科技创新协调发展，强化公共服务共建共享。同时，三省还签署了《长江中游湖泊保护与生态修复联合宣言》。这标志着长江经济带省际协商合作机制已全面建立，多层次省际协调基本框架基本形成。长江下游的长三角地区，在体制机制方面也开展了多方面的创新试验，长三角城市群政府协调机制主要包括"沪苏浙经济合作与发展座谈会""长三角城市经济协调会"以及长三角各城市交通、科技、旅游、金融等30多个专业部门间建立的对口联系协调机制。此外，江苏跨界产业园区合作、浙江新安江流域的生态补偿等机制创新也成为全国其他地区借鉴的范例。

二、长江经济带建设面临的突出问题

长江经济带覆盖11个省市，人口和GDP均占全国约40%，是我国经济重心所在、活力所在。长江经济带是全国构建现代化经济体系和实现高质量发展的试验田、样板和新引擎。目前初现龙首牵引、龙腰支撑、龙尾摆动的良性格局。但同时，我们也要清醒认识到长江经济带高质量发展面临的困难挑战和突出问题。

一是对长江经济带发展战略仍存在一些片面认识，有关方面主观能动性有待提高。不搞大开发不是否定发展，发展是永恒的命题，要把长江生态修复放在首位，坚持新发展理念，坚持创新驱动和供给侧结构性改革，避免破坏性开发和单纯的资源消耗，必须走生态优先、绿色发展之路，实现高质量发展。

二是生态环境形势依然严峻，生态环境协同保护体制机制亟待建立健全。长江流域整体性保护不足，污染物排放量较大，资源环境超载问题突出，不少地方存在先污染后治理或边治理边污染的状况。同时，生态环境监测体系不完善、激励约束机制尚未建立、规划管理碎片化且责任主体不明晰、经济利益驱动占主导致使污染产业源头动因难消除等制约瓶颈依然存在。

三是流域发展不平衡不协调问题突出。长江经济带横跨我国地理三大阶梯，不同区域之间的资源、环境、交通、产业基础等发展条件差异较

大,面临着区域发展不平衡、产业结构不平衡、城乡发展不平衡、收入不平衡、东西双向开放不平衡、区域合作机制尚不明确等诸多困难和问题。在绿色发展方面,主要表现为绿色主体功能约束不强、绿色公共服务不均以及资源环境承载不协调。

三、协调性均衡发展是长江经济带高质量发展的基本要求

如何以新发展理念为指引,以推动高质量发展为导向,坚持生态优先、绿色发展的战略定位,破解上述长江经济带发展面临的不平衡、不协调问题,协同打造中国经济新支撑带,带动国家经济高质量发展,是长江经济带发展中面临的重大战略问题。要解决这一问题,就需要重塑市场经济条件下的地区经济关系,统筹区域发展规划,通过加强区域经济多层次、多形式的联合与合作,加强东中西部经济发展中的协调与配合,促进区域经济协调性均衡发展。

所谓区域协调性均衡发展,是指以新发展新理念为引领,通过使市场在资源配置中起决定性作用和更好发挥政府作用,努力推动形成的地区内经济、社会、生态均衡发展和地区间协调发展、协同发展、共同发展的区域发展新格局。

第一,协调性均衡发展是践行"新发展理念"的重要抓手。协调性均衡发展理念重在贯彻创新发展、开放发展的精神,通过培育区域发展新动能和打造区域对外开放新优势,更好地发挥市场机制在促进资源优化配置中的决定性作用。在区域均衡发展过程中坚持协调性原则,有利于更好地落实协调发展、绿色发展和共享发展的精神,通过更好地发挥政府协调功能,弥补市场不足,实现区域协调发展、可持续发展和共同发展。

第二,协调性均衡发展是把握"五大关系"的具体体现。推动长江经济带高质量发展,需要正确把握五个关系:正确把握整体推进和重点突破的关系、正确把握生态环境保护和经济发展的关系、正确把握总体把握和久久为功的关系、正确把握破除旧动能和培育新动能的关系、正确把握自身发展和协同发展的关系。要深刻把握绿水青山和金山银山的关系。要在

正确把握"五大关系"、做到"三个坚持"、实现"一个加强"的基础上，进一步加强顶层设计，扎实推动蓝图落地。而协调性均衡发展理论的基本内涵包括：正确处理区域发展中政府与市场的关系；正确处理区域发展中效率与公平的关系；正确处理区域发展中人与自然的关系，这正是对"五大关系"的具体体现。

第三，协调性均衡发展是长江经济带高质量发展的重要路径。党的十九大报告对我国经济已由高速增长阶段转向高质量发展阶段做出了重大判断，2017年中央经济工作会议把这一重大判断进一步明确为新时代我国经济发展的基本特征，做出了推动高质量发展的重大部署。2018年《政府工作报告》把"大力推动高质量发展"作为第一项要点。协调性均衡发展战略有助于树立空间均衡的原则和理念，推动东中西三大区域联动；有助于建立有效的跨行政区域协调机制，促进沿江城市群之间和城市群内部分布协作。从协调性、均衡性的角度研究和推动长江经济带发展，正是为了解决长江经济带发展现实中存在的不平衡不协调问题，最终目标是实现高质量发展。

四、协调性均衡推动长江经济带高质量发展的对策建议

2018年是贯彻党的十九大精神的开局之年，是改革开放40周年，是决胜全面建成小康社会、实施"十三五"规划承上启下的关键一年。作为站在改革前沿的长江经济带，今后，应继续站在新时代的最前沿，更好地肩负起中华民族伟大复兴的历史使命，积极发挥在新一轮改革开放中的重要作用，以供给侧结构性改革为主线，通过协调性均衡发展，推动经济发展质量变革、效率变革、动力变革，彻底解决不平衡不协调问题，以此实现高质量的目标。努力建成生态更优美、交通更顺畅、经济更协调、市场更统一、机制更科学的黄金经济带。

一是协调性均衡推动长江经济带绿色发展。首先，要促进长江生态环境协同保护。要从整体出发，树立"一盘棋"思想，根据主体功能区规划要求，明确长江沿线各地区的环境容量，推动生态环境协同保护；推进水

污染治理、水生态修复和水资源保护"三水共治";强化环境污染联防联控和流域生态环境综合治理,从健全生态环保法制硬性约束机制、建立负面清单管理制度、创新长江生态补偿机制、构建一体化环保监控体系等方面入手,以流域整体利益包容吸纳利益碎片,加快建成上中下游相协调、人与自然和谐共生的绿色生态廊道。其次,要推动区域绿色循环低碳发展。要深化供给侧结构性改革,以传统产业绿色化改造为重点,以绿色科技创新为支撑,以绿色金融为杠杆,制订并实施绿色发展计划,引导全流域产业合理布局和有序转移,优化沿江产业结构;通过政策性金融机构带动私有资本投入绿色经济;完善复合多式联运交通系统,加快建成安全便捷、绿色低碳的综合交通运输网络;按照推动三大城市群错位发展的战略要求,把生态文明理念全面融入长江经济带城市群建设,推动城市群之间由竞争变竞合,打造长三角世界级城市群生态体系,展现长江中游"两型"社会建设生态示范,构建长江上游生态屏障。

二是协调性均衡推动科创资源的区域统筹。首先,要建立完善联动合作机制,提升协调创新效率。要充分发挥上海全球科创中心引领作用,构建跨区域创新合作联盟;共同营造重点领域跨省跨学科跨部门协同创新环境,培育创新文化,促进创新人才域内域外合理流动,推广协同技术攻关、共建研发中心、共建技术联盟、共建产业基地等多种政产学研合作模式;支持沿江地区加快新一代信息基础设施建设,协同搭建成果转化等服务科技创新的各类平台,形成整合资源、共享信息、支撑有力、服务精准的集成平台。其次,在重要节点布局世界级制造业创新中心和科技智库。《中国制造2025》提出,到2020年打造15家国家级制造业创新中心,为此,要在长江经济带重要节点城市,按照分层次网络化布局和分阶段有序推进的原则,逐步构建覆盖全流域的制造业创新网络,在此基础上,瞄准新产业革命中诞生的诸如3D打印、机器人、智能制造装备、新能源、新材料、物联网与大数据、航空航天等高精尖的关键核心共性技术,协同开展科学研究和产业化应用示范,满足制造业发展的重大共性需求,为产业转型升级、信息化和智能化改造提供支撑,以此进一步提升长江经济带创新效率。

三是协调性均衡构建现代化经济体系。首先，要加快推动统一大市场建设。要打破地区间行政壁垒与地方保护主义，加快互联互通，发展江海联运，打造综合立体交通走廊；以区域协调的交通网络为基础，提高基础投资的规模效应，推进长江经济带内产业有序转移、产业链对接和要素自由流动，支持园区共建、产业飞地等战略合作的方式，发挥产业衔接和生产要素结构的互补效应，建设统一开放和竞争有序的全流域现代市场体系，以此提高各种要素的配置效率，激发内生发展活力。其次，要推进沿江省市供给侧结构性改革。从重大产业、高新技术产业及科技研发入手，依靠创新体制机制，通过资本化和市场化的有效载体与途径，倒逼沿江产业，尤其是重化工业转型升级，推动新旧动能转换；加强沿线省市在实体经济、科技创新、现代金融、人力资源方面的协同发展，协同优化营商环境、知识产权保护和信用体系；协同推进全流域生产性服务业向专业化和价值链高端延伸，推动制造业由生产型向生产服务型转变，依托世界级城市群建设联合打造世界级产业集群，实现城市群之间的错位发展、协调发展、有机融合，以此实现沿江省区市共赢发展和高质量发展。

四是协调性均衡推动长江经济带对外开放新格局的形成。首先，加快自贸区建设。自贸区通过各项制度改革实现长江经济带的互联互通，是连接长江经济带的重要载体与平台。要发挥长江经济带 11 省市与上海、浙江、湖北、重庆、四川 5 个自贸区重叠结合的优势，营造国际化市场化法治化营商环境，理顺自贸区发展实体经济与金融创新之间的关系，以现代服务业开放为主导方向，有序推进医疗卫生、健康养老等公共社会服务和创新创业等生产性服务领域以及金融领域的对外开放；支持发展海外人才离岸基地与创新平台。在提升自贸区功能的同时积极打造自贸港，分阶段逐步实现价值链全覆盖式监管改革，努力提升开放型经济水平。其次，要加强与"一带一路"建设衔接，深化向东开放，加快向西开放。统筹沿海、沿江、沿边和内陆开放，加强国际产能合作，推进装备制造业"走出去"，培育国际经济合作新优势；畅通国际通道，推进国际运输便利化，在加快高科技信息化技术与港航综合物流服务体系相互融合的基础上打造若干无水港;从信息共享、监管互认、执法互助、职能衔接、灵活管理五个方面着力,深入推进长江大通关体制改革,为企业提供更加便利化和无差别化的发展环境,加快建设陆海双向对外开放新走廊。

(作者:冯俊,南通大学江苏长江经济带研究院副研究员;成长春,南通大学原党委书记,南通大学江苏长江经济带研究院院长,智库首席专家,教授,博导)

准确把握长江经济带高质量发展中自身发展与协同发展的关系

习近平总书记提出,推动长江经济带发展需要正确把握的"五大关系"之一,就是要"正确把握自身发展与协同发展的关系,努力将长江经济带打造成为有机融合的高效经济体"。2018年5月30日江苏召开的全省长江经济带发展工作推进会上明确提出,要全力修复长江生态环境,着力建设沿江绿色生态廊道,共同打造有机融合的绿色高效经济体,推进长江经济带高质量发展走在前列。在这一过程中,江苏应从以下几个方面把握好自身发展与协同发展的关系。

一是深刻理解"树立一盘棋思想"的内涵要求,自身发展要服从长江经济带协同发展。长江经济带涉及的地区、城市,既是经济共同体,更是休戚与共的生态共同体。从区位上讲,江苏地处长江的下游和末梢,全省80%的生产生活用水源自于长江,保护长江生态,对江苏而言至关重要;从地位上讲,江苏省是长江经济带发展基础最好、综合竞争力最强的地区之一。江苏沿江地区经济总量占全省八成、进出口占九成,产业、城镇、人口高度密集。长江经济带的发展思路就是要统筹各地改革、各项区际政策、各类资源要素,将各自为政的孤立式发展转向区域协同的联动式发展,促进沿线地区效率最大化和长江经济带发展一体化。江苏有责任、有需要也有能力带头肩负使命,与沿江省市协同推动长江经济带高质量发展,让母亲河永葆生机活力。

二是实现错位发展、协调发展,突出长江经济带有机融合的高效发展。实现错位发展、协调发展,必须按照流域管理特点,坚持共商共建,立足长江上中下游地区的比较优势,统筹人口分布、经济布局与资源环境承载能力,协调解决跨区域重大问题。应把重点任务与整体规划相结合,

促进形成以点带线、以线促面的协同发展格局，形成推动长江经济带发展的整体合力。要从生态系统整体性和流域系统性着眼，构建优势互补、互利共赢的长江经济带发展新格局。

江苏省沿江地区一直是全省经济的"发动机"，率先探索生态优先、绿色发展之路，既是贯彻落实国家战略的具体行动，也是引领全省经济高质量发展的战略支撑。国家加大实施长江经济带发展战略的力度，恰恰为我省转型发展提供了难得的政策机遇、合作机遇、市场机遇，我们要牢牢抓住，乘势而为，找到与国家相关政策对接的契合点、关键点和发力点，不失时机推动转型升级，以长江经济带发展带动全省高质量发展。长江经济带上正在打造的综合立体交通走廊就是典型案例。从舟山港的江海联运直达船舶，到华东、华南等地的"铁水联运"，再到重庆的渝新欧班列，每个城市的小点串起了整个长江的黄金交通走廊。

三是自身发展与协同发展有机融合，形成长江经济带发展的整体合力。长江经济带作为流域经济，涉及水、路、港、岸、产、城和生物、湿地、环境等多个方面，是一个整体和系统。全面把握、统筹谋划自身发展与协同发展，有机融合各地改革发展、各项区际政策、各领域建设、各种资源要素，使沿江各省市协同作用更明显，才能促进长江经济带实现上中下游协同发展、东中西部互动合作。长江经济带高质量发展面临的最大的问题是条块分割、各自为政。要按照"多规合一"的要求，编制好国土空间规划，理顺各类规划之间的关系，综合各类需求，统筹技术和标准，做到在"一张图"上定规划、画红线、管空间。只有这样，才能把长江经济带建设成为生态更优美、交通更顺畅、经济更协调、市场更统一、机制更科学的绿色黄金经济带。对江苏来讲，最迫切的就是建设综合交通运输体系。要以我为主、有长远眼光，全面加强规划布局，系统化、高质量推进高铁、航空、港口、过江通道等重大基础设施建设。长江经济带各个地区、每个城市要从整体出发，形成长江经济带发展的整体合力。

（作者：臧乃康，南通大学管理学院原院长，教授）

以绿色金融为杠杆撬动长江经济带绿色发展

党的十九大报告全面阐述了加快生态文明体制改革、推进绿色发展、建设美丽中国的战略部署。推进绿色发展离不开绿色金融支持。目前，全球绿色金融步入了系统化、制度化的发展轨道，金融体系的绿色化已成为全球趋势。从我国的发展现状来看，截至2016年年末，我国已成为世界最大的绿色债券市场。在我国的倡导下，绿色金融首次写入杭州G20峰会议程。在2017年7月举行的德国G20峰会上，绿色金融和普惠金融再次得到全球关注。

从宏观层面看，大力发展绿色金融，有利于淘汰落后过剩产能、促进产业结构升级，对深化金融体制改革、增强金融服务实体经济能力、推进供给侧结构性改革具有重要意义；从微观层面看，金融机构可以通过扩大绿色金融业务优化投融资结构，降低企业融资成本，在增强自身收益能力的同时控制系统性金融风险。长江经济带，尤其是上海、江苏、浙江、湖北、重庆等省市，已经开始了绿色金融的初步探索并积累了一定经验。国务院于2017年6月确定的五个绿色金融改革创新试验区，有三个在长江经济带。长江经济带沿线省市有能力、有条件在市场创新、产品创新、体制机制创新等方面，为构建完善高效的绿色金融体系发挥示范引领作用。今后一段时期，长江经济带沿线省市应以党的十九大报告精神和《长江经济带发展规划纲要》为引领，从以下四个方面，更好地发挥绿色金融杠杆作用，形成金融创新与循环经济双赢格局，为打造绿色生态廊道提供有力支撑。

一是完善顶层设计。首先，要加强规划引领。以党的十九大报告精神和《长江经济带发展规划纲要》为指引，结合人民银行等七部委印发的

《关于构建绿色金融体系的指导意见》，研究出台《长江经济带绿色金融发展规划》，明确长江经济带绿色金融功能定位（即助力环境质量改善、助力城市群绿色转型、助力产业转型升级、助力节能环保产业发展以及打造世界级制造业集群，助力沿线港口绿色发展），优化绿色金融空间格局（在强化上海国际金融中心功能的同时，以南京、武汉、重庆等为核心，构建三个国家级绿色金融集聚区并打造多个后台服务基地，实现绿色金融集聚区和后台服务基地的"双轮驱动"）。其次，要加快完善与绿色金融相关的各项制度。加快完善包括绿色认证制度、绿色金融激励制度和绿色金融风险防范制度在内的绿色金融制度框架，消除当前绿色金融制度领域存在的碎片化状态。

二是创新绿色金融跨区域合作模式。首先，创新合作机制。创新政府间高层对话机制，以长三角地区为龙头组建"长江经济带绿色金融联盟"，对跨区域绿色金融合作进行整体谋划，扩大全流域绿色金融扩散效应。其次，完善金融体系。协同发挥各省市在监管、技术、资金、人才等方面的优势，协同打造包括绿色信贷、绿色债券、绿色保险、绿色基金、绿色指数产品、绿色资产抵押支持证券以及武汉碳交易中心在内的多层次绿色金融市场，协同构建跨区域专业化绿色金融机构，协同推进跨区域绿色金融监管。再次，推进信息共享。协同打造信息共享平台，实现流域内绿色金融资源的快速流动和高效配置，减少因信息不对称带来的各种金融风险，最终推动金融资源的有效传递。

三是推进绿色金融国际合作。在长江经济带与"一带一路"衔接互动的大背景下，长江经济带沿线省市应加大对"一带一路"相关项目的绿色投资。发挥重庆、成都、武汉、长沙、合肥等长江经济带及"一带一路"重要节点城市的作用，引导辖区内金融机构积极落实环保部制定的绿色"一带一路"实施方案，发挥绿色金融对绿色产业国际合作的促进作用，在环境风险管理、环境信息披露、绿色供应链管理和环境污染责任保险等方面提升绿色低碳嵌入水平。在此基础上，重点支持生态友好型产业。长江经济带及"一带一路"节点城市的金融机构应重点支持"一带一路"

沿线的清洁能源、生态修复、环境治理、生态农业、绿色建筑和绿色交通等绿色项目，可通过发展 PPP 模式，吸引社会资金投资绿色产业，同时应促进当地政府与绿色项目的投资者和经营者相互协调，巩固项目的环境风险管理和现金流管理。

（作者：冯俊，南通大学江苏长江经济带研究院副研究员，博士）

第二编

区域一体化与城市群发展研究

推进长三角一体化发展

党的十九大报告提出实施区域协调发展战略,指出要以城市群为主体构建大中小城市和小城镇协调发展的城镇格局,创新引领率先实现东部地区优化发展,建立更加有效的区域协调发展新机制。这对东部沿海地区尤其是长三角地区的区域合作提出了更高的要求。

目前,长三角区域合作已经走过了区域的布局合作和要素合作阶段,深化至体制机制的创新,长三角一体化进入深层次的阶段。在长三角一体化向纵深推进的同时,仍存在一些较为突出的问题,如城市功能定位与分工不明晰,同质竞争仍较普遍,跨区域合作的过程中还存在一系列现实与隐形的壁垒,城际交通互联互通和一体化管理仍有较大差距,区域环境保护与治理的长效联动机制尚未建立等。

未来,长三角一体化发展要通过设立更高层级的协调发展机构,建立多领域、多层次的协调发展机制。通过开展长三角城市功能协同发展研究,形成有序的城市职能分工体系。通过完善快速交通和同城化网络,构筑区域综合交通网络体系。通过设立环境监管治理制度和生态建设专项基金,构建长三角生态协同治理机制。同时,要加强区域顶层设计和系统谋划,联动实施推进创新体系建设等重大战略,协同推进上海"四个中心"、全球科创中心、自由贸易区等重要功能区建设。在此过程中,江苏作为长三角地区的重要一员,需紧紧围绕顶层规划体系、产业分工协作、创新要素培育、区域交通一体、生态协同治理和体制机制创新等方面,积极主动对接和支持上海长三角龙头作用的发挥,加速长三角区域一体化进程,共同推动长三角地区的高质量发展。

积极融入长三角顶层规划体系

首先,瞄准长三角区域顶层规划设计。注重立足需求,统筹全局,突出重点,有序实施,积极深化实施《长江三角洲城市群发展规划》,呼应《上海市城市总体规划(2017—2035年)》,加强与周边城市的分工协作,促进空间体系一体化发展。其次,加强与周边区域的无缝衔接。在涉及重大基础设施、产业布局、生态维护时,要重视与上海及长三角其他地区的无缝衔接,为融合发展提供具有前瞻性、统一性、可操作性的发展蓝图。再次,提升内部功能板块的能级。为积极呼应长三角建设世界级城市群的目标,要继续提升城市群内部的发展层次和水平。加快落实"1+3"重点功能区战略,着力打造扬子江城市群经济增长极,推动沿海经济带、江淮生态经济区、徐州淮海经济区中心城市分工协作、优势互补、协调发展。进一步提升区域发展能级,实现区域发展由同质竞争向协同融合转变。

共建长三角国际先进制造业基地

首先,加快传统产业转型升级。要在巩固传统制造业优势的基础上,加强与互联网、云计算、大数据等新技术的融合,提高传统产业的整体质量和竞争力,实现经济转型升级和制造业高端化发展。其次,培育智能制造等新兴产业。树立与新时代和本省实践相适应的思维方式,深入落实"中国制造2025"江苏行动纲要,实现先进制造业迈向全球价值链中高端,培育协同攻关的世界级产业集群,共建长三角具有国际竞争力的先进制造业基地。再次,加强区域间产业分工协作。利用上海的城市非核心功能疏解和资源、产业链等外溢的机遇,结合自身优势,瞄准国家或长三角地区急需的重点产业领域,加强研究谋划,进行整体战略部署,坚持产业的分工协作、错位发展,打造区域特色产业,与上海及长三角其他地区形成合理分工、协作有序的发展格局。

打造长三角创新功能示范区

首先,加快实施科技创新战略。围绕经济发展高质量,以新发展理念

为引领,把创新作为引领发展的第一动力,利用区域内高校、企业和研究机构的科创资源,借助上海科创中心和合肥国家科学城的建设机遇,加快构建具有全球影响力的科技创新中心,系统推进创新型省份建设。其次,推进高层次创新平台建设。加大教育、科研投入力度,大力引进国内外科技创新人才和具有国际水平的创新团队,打通江苏和长三角其他地区高校、企业和科研机构间科技成果转移转化通道,联合建设区域高层次创新载体和研发服务平台,加强科技资源交流共享,开创长三角科技合作共赢新局面。再次,实现创新要素跨区域联动。瞄准国家重大科技专项,通过打通与上海、浙江、安徽在创新要素流动上的界限,实现科创资源的协同创新。加强苏南国家自主创新示范区、南京江北新区与上海张江、合肥科学城、G60科创走廊等国家级科学中心的联动,打造长三角创新集群重要连接点,合力建设长三角创新功能示范区,打造世界级创新经济发动机。

建设区域一体的交通网络体系

首先,加快交通干线骨架的建设。进一步加大区域重大交通基础设施建设的投入力度,加快区内高速公路、高速铁路、城际路线、过江通道等主要交通轴线的架设,打造纵横交错的交通网络系统,支撑"1+3"重点功能区发展。其次,实现跨区域交通的无缝连接。通过推进沿海经济带、沿江生态带、江淮生态经济区、宁杭生态经济带等的交通运输规划研究,构建完善的综合交通体系,加强跨省市城际铁路、公交、轨道交通线路有效衔接的协调,实现与上海及长三角其他地区无缝连接。再次,完善同城化的交通网络体系。推动江苏与长三角城市间公交一卡通、通关一体化等的全面实施,支持主要城市间开通城市公共交通线路。临沪地区城市加快与上海同城化步伐,融入上海1小时都市圈,其余城市跻身上海2小时交通经济圈。

构建跨区域生态协同战略区

首先,建立区域生态保护联盟。重点围绕长江、太湖、洪泽湖、大运河等生态重点功能区，以江淮生态经济区、沿江生态带、宁杭生态经济带建设为契机，与上海崇明世界级生态岛及长三角其他地区实现区域共享、生态共保，协同建设长三角区域发展绿色新空间。其次，加强区域生态环境联防联治。以推进"263"专项行动为抓手，全面实施生态河湖行动计划，重点开展大气、水环境、土壤三大治理行动，积极参与长江下游以水污染治理为核心的环境综合治理工作，与长三角同流域及其他地区实行多管齐下，联防联治，共同推进长三角江河湖海的生态协同治理。再次，设立生态建设专项基金。重点对跨区域的环境污染防控、环境治理等工作进行资金扶持和政策奖励。健全和完善区域生态补偿机制，对在区域环境保护中承担生态功能而影响经济发展的地区，通过设立专项基金予以合理的经济补偿。

实现制度创新的跨区域联动

首先，要积极配合长三角跨行政区域协调管理机构的工作，统筹好区域内的重大基础设施建设、重大战略资源开发以及生态环境保护与建设，做好与其他两省一市的协调工作。其次，完善跨区域合作机制。在就业、教育、医疗、社会保障等方面，和长三角其他地区联手构建协调的制度框架和实施细则，实现区域制度架构的融合。同时，与长三角其他地区相关政府部门一起，协商区域内经济社会发展的重要政策问题和相应举措，完善具有整体性、专业性和协调性的"长江经济带下游'1+3'省际协商"合作机制。再次，鼓励民间力量的积极参与。积极探索江苏与长三角核心区、非核心区之间的联动发展机制，支持区域性的非政府社团组织或民间组织发展，不定期地针对区域内经济社会发展的重要政策问题和举措开展专题研讨，使企业、非政府组织、居民等成为长三角一体化发展的重要推动力量。

（作者：成长春，南通大学原党委书记，南通大学江苏长江经济带研究院院长，智库首席专家，教授，博导；刘峻源，南通大学江苏长江经济带研究院助理研究员，博士）

构建一体化区域创新生态系统，增强长三角城市群全球竞争力

2018年6月1日召开的长三角地区主要领导座谈会上提出，要加快构建区域创新共同体、研究规划建设长三角科技创新圈。落实这一战略部署，需要长三角地区加快构建高质量一体化的区域创新生态系统。

随着新一轮技术革命和工业革命的深化，全球产业竞争，正从最初的单要素生产投入，企业供应链整体优化，向构建产业集群、创新集群，并最终向构建创新生态系统演进。创新生态系统实质是多个创新主体之间，基于某些技术、人才、规则、文化、运作模式、市场等共同的创新要素而形成的，相互依赖、共生共赢，并且具有一定稳定性、独立性的一种组织体系，是打造区域竞争优势的重要支撑。长三角构建高质量一体化的区域创新生态系统，不仅有利于形成区域内政府与市场的协调关系，降低行政壁垒带来的制度成本，促进资源在更大范围内优化配置，而且有利于促进区域内城市、产业的协同互补，激发更多的知识创造和创新活动。打造长三角高质量一体化的创新生态系统，应从以下四个方面着手。

一是集聚全球优质资源，构建开放创新的生态体系。长三角地区要以包容的胸怀、开放的心态、前瞻的视野，在全球范围内吸引、集聚包括人才、技术、资本、知识等优质资源，形成全球化创新合作网络，促进知识流动与成果转化。联动发展代表产业未来趋势、体现前沿尖端的新兴产业，聚力增加集成电路、纳米材料、能源科技、光子科技、类脑智能、生命科学、计算科学、环境保护等重点前沿产业领域的原始创新供给。培育一批具有国际竞争力并引领产业发展方向的国际一流企业。推进经济社会

和科技领域的体制机制改革，营造创新友好的社会生态环境。

二是强化创新要素市场建设，促进创新资源自主聚合。构建区域内一体化的要素市场，促进创新要素的孵化、集聚与优化配置。推进各地要素市场建设规划对接，建立统一的市场法规体系，健全创新要素市场管理的各项法规和制度，促进创新要素的自由流动，推动各创新要素市场协同发展，增强创新生态系统的活力。在长三角区域范围内规划建设兼顾有形交易的综合实体市场和信息化的网络市场，实现有形、无形互补，线上线下互动。加强创新要素市场主体的培育，促进主体之间相互协同，突破创新要素跨区域自由流动的壁垒，实现创新要素的高效配置。强化创新要素市场的环境支持，促进要素市场合理布局、有序发展。引导社会资本参与创新要素市场的基础设施建设，规范区域创新要素市场运行机制。

三是加强功能性创新平台建设，在区域内建立范围更大、层次更高的产学研联盟，网络化推进协同创新。以政府引导和市场主导相结合，以补链强芯的发展思路，全方位引进国外一流的创新平台或搭建海外科技合作创新载体，着力创建长三角地区国际一流的功能性创新载体。在产业链、创新链的关键环节，建设一批公共创新平台。依托上海张江综合性国家科学中心和合肥综合性国家科学中心，围绕国家重点前沿产业和关键核心技术研发，构建重大基础研究平台，提升原始创新能力、催生变革性技术。在产业关键技术领域和产业共性技术领域，以产业技术创新平台和行业公共创新平台为载体，以网络化的协同创新，解决产业重大技术难题。

四是重视创新环境支撑，营造创新创业氛围。良好的创新环境，有助于吸引集聚创新资源，提高创新创业的文化氛围，促进创新主体之间互动，是创新生态系统的重要支撑。在长三角区域内营造鼓励创新、宽容失败的社会文化氛围。整合优化创新创业政策体系，加强区域内政策需求供给、完善创新创业服务，提升众创空间的标准，推进"互联网+"融合创新，加强创业孵化载体同其他创业服务机构的协同，以及孵化载体之间融通，打通企业成长的孵化载体链条。建立促进大中小企业融通发展的对接机制和服务平台。提升区域内财务、法律、评估代理、知识产权等中介机构的专业服务水平，整合创新平台服务资源，构建区域内创新创业一体化的教育体系。

（作者：胡俊峰，南通大学商学院副教授，南通大学江苏沿海沿江发展研究院兼职研究员）

高质量发展阶段长三角实现更高水平一体化的重点行动

党的十九大报告提出，我国已经从高速发展阶段进入高质量发展阶段。在微观上，高质量发展要建立在生产技术、生产效率、产品质量的提高之上，并非靠要素投入和生产规模扩大；在中观上，高质量发展包括产业结构、市场结构、区域结构等的升级，实现资源的最有效配置；在宏观上，则要求区域经济均衡协调发展。2018年6月1日，长三角地区主要领导就推动长三角地区更高质量一体化发展召开座谈会，提出了以更高质量的一体化发展更好引领长江经济带发展的目标。

高质量发展阶段深化长三角一体化，标志着长三角一体化进入了一个崭新的阶段。在经济高速增长阶段，长三角一体化主要围绕建立在基础设施基础上的产业分工协作和产业转移展开。而在高质量发展背景下深化长三角一体化，则主要围绕长三角发展质量提升这一目标，一是通过区域协同创新等方面努力推动长三角发展的动力变革、质量变革和效率变革，二是要通过生态环境共治、民生服务共享来推动长三角经济结构的升级。主要包括以下三个方面：

一是形成长三角一体化的科技创新体系。提升科技创新合作的深度和广度既是未来长三角地区自身发展的迫切需要，也是提升地区经济竞争力和抗风险能力的战略需要。科技创新协调合作是一个复杂的过程，需要协同的各方建立共建共担共享共进的利益分配和风险分担的机制。在高速发展阶段由于各种行政壁垒的存在，阻碍了彼此科技研发和高科技产业之间的交流与协作，各地政府在进行研发投入时就考虑排他性，不愿意分享由当地研发投入带来的技术成果，彼此间的合作缺乏动力机制和政策环境。

同时长三角各地也形成了对高科技产业激烈竞争的态势，长三角各个市县都建设高新技术园区，造成了各类创新资源的浪费。不管是上海还是长三角其他城市，都希望将高端产业紧握在手，希望本地实现高科技产业、战略新兴产业集聚，从而导致长三角城市之间的科技创新协作陷入两难困境。而要实现高质量发展，科技创新的一体化势在必行。这就需要共同来打破行政阻隔，增强区域内整体科技创新协同优势，实现整体发展利益最大化为目的，拓宽合作领域，完善合作机制，通过"以政府为引导、以市场为基础、以企业为主体"，推动长三角地区的科技创新协同尽快从事务性合作向政策性对接转变，从局部性合作向整体性谋划转变，从阶段性合作向长期制度安排转变，从而在更大范围内整合资源，在更高层次上实现优势互补，这成为实现高质量发展阶段下科技创新合作的必然要求。

二是形成长三角一体化的环境治理和修复体系。长三角因为共用长江水而形成了相互依存、相互影响的环境系统。在各地进行 GDP 竞争的高速增长时期，为了实现高增长而跨界污染、边界污染的现象在长三角地区屡见不鲜。尽管各地政府都在环境治理和修复上做了一些努力，但是仅着眼于本行政区内部的环境问题处理，忽视流域生态环境风险的跨区域性和扩散性。在主体上，政府垄断生态危机的治理，忽视了流域生态环境问题的复杂化、多源性、多影响性。实现高质量发展迫切需要以流域生态共同体的新理念，共同规划长三角城市群绿色发展，共享环境生态信息，共治水、气、土等生态环境问题。抓紧编制出台长三角一体的生态环境发展规划，建立统筹协调的统一组织以及规则体系，加强红线的统一监管，加强统一环境执法队伍能力建设。

三是要打造长三角一体化的公共服务体系。相对国内其他地区，长三角地区的区域公共品供给相对较为充分，区域内地方政府间的合作已形成一定制度，但与此同时，也存在着供给结构失衡、空间分布不均、协调配套提供机制尚未形成等问题。某些牵涉面广、影响范围大的区域公共品供给不均衡不充分，而一些基础设施类区域公共品在不同地区又被重复提供，一些社会管理与公共服务的均等化、一体化有待加强。例如高等教育、医疗卫生、社会保障方面，两省一市之间以及两省一市内部各市之间差距都比较大。此外，各地在社会管理和公共服务方面的政策措施，也有不少难以衔接，有时甚至在同一城市内部县市区之间都无法实现互联互通。公共服务一体化是高质量发展阶段长三角一体化的必然要求，是实现区域协调发展和社会公平的基础。实现长三角公共服务一体化，一是要建立区域公共品的多级供给机制。要改变过去区域公共品由政府及公共部门提供，供给模式单一，缺乏竞争机制，容易造成需求与供给脱节的现状。除一些涉及整个区域的区域公共品（如重大基础设施建设、财政金融政策等）必须通过法律、顶层规划等方式提供外，长三角各地应在目前的联席会议制度基础上，成立一个综合性的区域协调管理机构，以协调区域内地方政府间的竞争和合作，加强相关政府间横向和斜向的沟通。其次还要建立合理的利益分配和成本分担机制，促进区域公共品合理公平提供。探索建立区域公共品资源和社会经济资源的共享与转移机制，利用统一的市场规则和利益分配与补偿机制来协调各方利益。探讨公共服务的社会购买，或者以联合提供公共品的方式，实现长三角区域内公共品的合理配置。例如，长三角各地可以通过联合提供公共品的形式，探索实现地区间社会保障的对接转移，建立开放共享的人力资源、社会管理和科技创新公共服务平台，推进区域性公共文化教育资源，以实现区域内法制建设、社会管理和公共服务的均等化、一体化。此外，还应该积极培育非政府性跨地区合作组织，实现区域公共品需求与供给的协调。应该支持和鼓励社会自愿供给区域公共品，积极培育跨地区非政府性合作组织，使它们能够以政府直接授权、委托和团体成员的权利让渡等方式获得一定的公共治理权。

（作者：陈长江，南通大学江苏长江经济带研究院副研究员）

协同推进扬子江城市群落建设的建议

扬子江城市群应形成"1（上海）+8（沿江八市）+1（盐城）"的总体架构，采用城市群落的方法协同推进扬子江城市群的建设。

牢固树立绿水青山就是金山银山，保护生态环境就是保护生产力的发展理念，将生态环境建设置于城市群落融合发展的突出位置。

以"主副双核、一带三圈"的区域空间格局为基础，大力推进沿江高铁环线建设，畅通城市群落要素联系和资源共享的复杂网络。

将南京作为扬子江城市群落江苏城市的"建群种"，进一步放大其作为区域人流、物流、信息流、资金流的"枢纽"价值。

将城市群落内各类城市和乡村作为一个整体，通盘考虑、统筹谋划、一体设计，加速城乡一体化进程，推动区域之间的连绵发展。

2016年10月，时任江苏省委书记李强在"全省推动长江经济带发展工作座谈会"上的讲话中提出，"在长江经济带和长三角城市群两个国家规划相继出台的背景下，我们正在谋划把江苏沿江城市作为一个大的板块，打造扬子江城市群，促进沿江地区发展能级的整体提升，使之成为未来江苏发展主要的增长极"。江苏省第十三次党代会报告和2017年省政府工作报告中也提出，今后一段时期，要以长江两岸高铁环线和过江通道为纽带，推进扬子江城市群集群发展、融合发展。至此扬子江城市群的概念正式出炉。但目前，扬子江城市群所面临的生态压力日益增加，制约区域发展的瓶颈效应日趋明显，为彻底扭转这种状况，必须切实转变发展方式，依据城市群落的基本要求协同推进扬子江城市群建设，解决其存在的生态环境与连绵发展的问题。

所谓城市群落，主要是指不同性质、规模、等级和职能的城市彼此联结，并产生竞争、捕食、附生、寄生、共生等生态行为和自然选择、协同进化以及演替等生态功能。其主要特征有：① 群落内城镇高密度分布、高水平联动；② 拥有一个或多个高等级城市以及若干串联城乡的特色小镇；③ 多个连绵但各具特色的都市圈子群落；④ 大中小城市以及城乡之间结构协调、布局合理、疏密得当、共融共享。因此，为扎实推进扬子江城市群落建设，加速扬子江城市群落的协调发展，特提出以下建议。

扬子江城市群应形成"1（上海）+8（沿江八市）+1（盐城）"的总体架构，采用城市群落的方法协同推进扬子江城市群的建设。首先，明确城市群落具体成员，划定联动发展空间范围。扬子江城市群落的组成不能仅仅是沿江八市，还应考虑纳入上海和盐城。纳入上海，一方面是因为其本身就是扬子江流域的重要城市，始终与苏、锡、通等沿江城市存在显著的同城效应，另一方面"跨江融合，接轨上海"亦是当下江苏发展的重要方向，扬子江城市群落的建设也离不开上海这一特大城市的支撑；纳入盐城则是考虑到其作为长三角城市群最北端的城市，不但一直是承接跨江要素流的重要目的地，而且其与上海也有千丝万缕的联系，仅在大丰就存在近50万亩的上海飞地。其次，充分发挥各市自身优势，统筹兼顾区域整体利益。必须树立"区域发展一盘棋"理念总揽扬子江城市群发展的全局，在顶层设计科学配置资源的基础上，各市要找准自己的定位，认清自身优势和劣势，以差异化、特色化发展，推动形成协调、差异、联动发展、有序发展的良好格局。最后，创新省际合作机制，促进资源跨区域畅通流动。省市层面通过优化江苏省、市两级驻沪办事处（联络处）职能，发挥相关部门的主渠道作用；县市层面促进扬子江城市群落部分县市与上海乡镇街道建立友城关系，夯实区域合作交流的基础；园区层面进一步放大上海市北高新（南通）科技城和沪苏大丰产业联动集聚区等跨区域合作园区的影响，助力"研发在上海、转化在江苏"局面的形成。

始终牢固树立绿水青山就是金山银山，保护生态环境就是保护生产力的发展理念，将生态环境保护建设置于城市群落绿色发展与协同发展的突

出位置。首先，要共筑生态安全屏障，严守重要生态空间。一方面以长江生态恢复与江淮生态大走廊建设为重要契机，努力使扬子江城市群落在沿海发达地区顺应全球绿色发展趋势走出路子、做出样子，让良好生态成为本地区的核心竞争力。另一方面加快推进城市间的生态过渡带建设，通过构建人—自然—社会和谐共处、良性循环、全面发展、持续繁荣的生态循环系统，促进扬子江城市群落生态循环链的发展。其次，要推进污染协同治理，打好碧水蓝天保卫战。一方面进一步扩大沪苏两地环境污染纠纷处置和应急联动的区域范围，完善沪苏两地环境污染防治联动机制，如共享流域大气、水环境和污染源监测数据，污染治理联合执法等。另一方面建立项目转移环境信息通报制度，迁入地环保部门可商请迁出地环保部门提供转移企业环保守法、污染物达标排放等信息，防止排污不达标项目向城市群落内的其他城市转移。最后，要完善资源有偿使用，形成市场化运行机制。一方面，深入贯彻国家主体功能区战略，坚持谁受益、谁补偿原则，加快形成生态损害者赔偿、受益者付费、保护者得到合理补偿的市场化运行机制。另一方面，完善生态保护成效与资金分配挂钩机制，探索建立独立公正的生态环境损害评估与补偿制度，使禁止开发区或限制开发区获得真正的发展红利。

以建成"主副双核，一带三圈"（上海主核，南京副核；沿江生态带、宁镇扬都市圈、苏锡常都市圈和通泰盐都市圈）空间新格局为目标，促进基础相关设施的共建共享。首先，争取北沿江高铁早日开工建设，加速城市群落内部高铁环线的形成。启动基于扬子江城市群落互联互通的轨道交通网建设，尤其是要在省级层面协调好内部九市及其与上海间的交通衔接。当前亟须联合沿线相关城市向国家有关部委积极争取，将北沿江高铁（江苏段）纳入铁路总公司"十三五"开工计划，力争2018年开工建设，尽早完成扬子江城市群落高铁环线建设，助推长江经济带协同发展。其次，打通城市群落内部的梗阻环节，使经济辐射延伸至每一角落。借助锡通、五峰山、常泰等过江通道，长江南京以下12.5米深水航道建设以及主要港口扩能改造等工程，打通跨区域高速公路主通道、普通国省干线通道的"断头路",逐步形成东接上海、西连长江中上游城市群的交通大动脉。同时,统筹规划好城市内外交通的网络化连接,畅通群落内外联系的毛细血管。最后,推动都市圈同城化进程,促进公共基础设施共建共享。突破行政界线统筹市政公用设施的规划与建设,探索形成市政公用设施共建共享的协调机制,率先实现跨界区域内城市桥涵、防洪、道路照明、通信、上下水、垃圾集疏运及危险废弃物处理等设施的统一规划与跨界共建共享,提升市政公用设施的利用效率。

将南京作为扬子江城市群落的江苏城市建群种,充分发挥其作为人流、物流、信息流、资金流的高原和高地作用,为区域融合发展增添更大动力。首先,强化南京的龙头作用,放大示范引领效应。依托上海"四个中心"建设,积极吸纳上海对周边城市的辐射带动作用,加速推进国家级江北新区建设,重点发展与全球城市上海差异化的现代服务业和高科技产业。做好"四个大力度",即大力度吸引各类专业技术人才和青年人来宁创新创业,最大限度增加城市发展的活力与后劲;大力度吸引各类国内外物流、货运代理、快递等企业来宁设置区域总部或分拣中心,最大限度提升城市的中转中心价值;大力度吸引国内知名互联网、金融、电子商务等企业来宁设立数据中心,最大限度强化城市的信息枢纽地位;大力度吸引国内外知名的金融、证券、保险等企业来宁投资兴业,最大限度加速区域金融中心建设,使南京真正成为扬子江城市群落"汇天下之客,聚天下之货,集天下之息,积天下之财"的高地。其次,优化城市间功能分工与合作,加速区域多层级联动发展。南京重点发展与全球城市上海差异化的高端服务业和高科技产业,其他城市则重点发展先进制造业及其加工基地、现代商贸物流基地等,成为南京资源支撑和产业配套的发展腹地。另外,苏州和南通应无缝对接《上海市城市总体规划(2016—2040)》,在国际航运中心、国际金融中心以及全球科创中心等方面,实现相应功能区的融合与空间响应。最后,构建群落协同创新新格局,促进产业链深度融合。依托全省科教资源禀赋、成果转化和创新资源集聚等优势,逐步建成以南京为中心,苏州、无锡和南通为支点,其余城市为节点的网络化创新新格局。以产业转型升级需求为导向,以产业合作为核心,密切关注上海重大战略项目、基础前沿工程布局,深入对接上海拟转移的1 000多个产业项目,争取一批先进适用的产业转移项目率先落户江苏。

将城市群落内各类城市和乡村作为一个整体,通盘考虑、统筹谋划、一体设计,加速城乡一体化进程,推动区域之间的连绵发展。首先,构建新型城乡体系,推进城乡建设一体化。构建"中心城市—中心镇—中心村—基层村"的网络结构,探索城镇连绵发展的联动机制,即在发挥中心城市带动作用的同时,坚持把县城和中心镇作为统筹城乡发展、推进城乡一体化的关键节点和重要纽带,使扬子江城市群落内的各级城镇真正成为发展意义上的"命运共同体"。其次,统筹城乡生产力布局,推进城乡产业发展一体化。根据城市和乡村不同发展特点和消费需求,优化城乡资源配置,合理安排城乡产业布局,城市地区着力发展战略性新兴产业,推进产业的集群化发展,乡村地区则高标准建设优质农产品供应基地、加工业原料基地和生态休闲观光基地。最后,加快公共产品向农村延伸,推进城乡公共服务一体化。合理配置城乡教育、文化、医疗卫生等公共服务资源,把由政府提供或主导的公共服务尽可能地覆盖到所有城乡居民,实现基本公共服务均等化。同时,提高农民工、非公有制经济组织从业人员、灵活就业人员养老保险覆盖率,探索养老保险制度跨地区、跨城乡衔接和转移机制。

(作者:成长春,南通大学原党委书记,南通大学江苏长江经济带研究院院长,智库首席专家,教授,博导;江苏省中国特色社会主义理论体系研究中心南通大学基地主任)

关于推进扬子江城市群整体对接上海自贸区的对策建议

> **摘　要**　江苏省重点培育智库、江苏长江经济带研究院成长春、童霞指出，面对上海自贸区建设取得的成就以及对扬子江城市群的虹吸效应和溢出效应，扬子江城市群已经到了以点带面，整体对接上海自贸区的关键时刻。为此，提出树立整体对接观念、构建共同合作平台、实行有重点的整体对接、坚持产业的错位发展、探索建立扬子江城市群自贸区和密切关注上海自贸港建设等推进扬子江城市群整体对接上海自贸区的对策建议。

江苏地处"一带一路"和长江经济带的交会处，特别是作为上海自贸区的近邻，自2013年上海自贸区建设之初就进行了主动对接。2014年江苏省政府颁布了《关于深化开放型经济体制改革的若干意见》，以文件的形式提出主动对接上海自贸区，明确了江苏省"三步走"的战略部署，即示范引领，以点带面，整体统筹推进。苏州、南通、无锡、南京、镇江等城市纷纷积极采取对接上海自贸区。经过4年的发展，已经按照《关于深化开放型经济体制改革的若干意见》完成示范引领，现在以点带面，实现扬子江城市群整体对接上海自贸区的时机已经成熟。

一、上海自贸区建设对扬子江城市群的影响

上海自贸区建设4年来，在建立与国际通行规则相衔接的投资贸易体系、深化金融制度创新、加快政府职能转变和构建开放型新体制方面，取

得了重要成果。自贸试验区以上海1/50的面积，创造了全市1/4的GDP、40%的外贸进出口总额。

上海自贸区带来收益的同时，短期也对扬子江城市群的发展带来了一定的负面影响。第一，虹吸扬子江城市群高端产业。高端产业主要包括总部经济、金融和专业服务业等，上海自贸区"运营国际化、贸易便利化、金融自由化"政策对总部经济进入上海提供了便利，从而加大了扬子江城市群吸引外资总部的难度，甚至使扬子江城市群现有企业将总部迁移到上海，众多跨国公司包括结算中心、财务中心、采购中心、物流中心等职能总部落户上海，这对扬子江城市群经济转型带来一定的挑战。第二，虹吸扬子江城市群货物贸易。上海自贸区"区内境外、一线放开、便利通关"政策带来的便利的货物进出口通道、较低的物流商贸成本、精致配套的专业服务虹吸扬子江城市群制造业企业、出口导向型企业、外贸服务企业等货物贸易。第三，虹吸扬子江城市群高端人才。上海自贸区实行的中关村试点的股权激励个人所得税分期纳税政策造成扬子江城市群科技型企业研发人员外流，同时增加了扬子江城市群吸引高层次研发人才的难度。

上海自贸区的"虹吸效应"对扬子江城市群经济造成挑战，但是上海自贸区在发展壮大过程中对扬子江城市群经济的发展产生了持续放大的"溢出效应"。第一，示范溢出效应。上海自贸区推行的"一口受理、综合审批"的服务模式、集中统一的市场监管综合执法体系、负面清单管理模式以及政府管理转变为事中、事后监管等，对扬子江城市群创新涉外经济体制机制和加快推进扬子江城市群自贸区等类似载体建设产生改革示范溢出效应。第二，产业溢出效应。上海自贸区的建设加剧了土地、劳动力等要素的稀缺，成本大幅提升，部分行业特别是制造业企业外迁。扬子江城市群在交通区位、产业配套、商务成本、人力资源等方面的比较优势，在与上海的产业对接合作中产生产业溢出，增强了高端制造业的集聚效应。第三，辐射溢出效应。上海自贸区的金融、投资、贸易创新，为扬子江城市群企业在物流、融资租赁、金融、专业服务等方面提供了高端的产业配套服务，促进了扬子江城市群产业向高端发展。

二、推进扬子江城市群整体对接上海自贸区的举措

为将扬子江城市群打造成世界级产业集群、世界级创新集群、世界级城市集群，加快推进扬子江城市群整体对接上海自贸区，建议遵循以下路径。

1. 树立整体对接观念。扬子江城市群整体对接上海自贸区，不能仅仅是概念上的整体对接，更应注重观念上的整体对接。扬子江城市群由空间相对集中的几个城市组成，但是不能仅是它们的简单叠加，扬子江城市群的本质是合作，优势在整体。所以，加快扬子江城市群整体对接上海自贸区，才能构筑更高更广的对外开放新平台。

2. 构建共同合作平台。一是构建统一对外开放平台。以长三角区域大通关为突破口，统筹协调扬子江城市群各市电子口岸平台，建立扬子江城市群对外开放共同平台，争取建立与上海自贸区统一的对外开放平台。推进沿海港口功能转型，明确扬子江城市群各港口、机场等货运、物流节点的发展定位，大力发展陆海空多式联运，合力与上海形成错位发展、特色发展、联动发展。二是构建产业投资合作交流平台。12月25日，《上海市城市总体规划（2017—2035年）》获国务院批复，规划从长江三角洲区域整体协调发展的角度，提出加强与周边城市的分工协作，打造具有全球影响力的世界级城市群。扬子江城市群要主动积极参与，通过构建产业投资合作交流平台，及时了解跟踪在上海自贸区投资落户不下的项目，从而推动长三角城市群的发展。

3. 实行有重点的整体对接。南京作为江苏的省会城市，拥有53所高等院校，在金融、信息技术、交通等方面都有得天独厚的优势，因此，以南京为核心，发挥南京资源配置中心、科技创新中心、现代服务业和先进制造业中心的龙头作用，同时发挥苏州、南通邻近上海自贸区的地理优势，带动无锡、常州、镇江的发展，同时辐射扬州、泰州，引领城市群更高层次参与国际合作，从而实现城市群资源的最合理配置和对接上海自贸区效益的最大化。

4. 坚持产业的错位发展。扬子江城市群各城市产业优势各异，如南京的软件信息、苏州的纳米、无锡的互联网、常州的石墨烯、镇江的航空航天、南通的海工装备、扬州的智能装备制造、泰州的生物医药等。因此，结合各市的制造业发展重点，根据国际新兴产业发展的最新趋势，在扬子江城市群中进行整体战略部署，坚持产业的错位发展，有利于打造扬子江城市群的特色产业。

5. 探索建立扬子江城市群自贸区。随着上海自贸区建设的日益完善，不少省市申请设立自贸区并得到国家支持，到2016年全国自贸区达到了11个。扬子江城市群可以通过自有的区域和产业优势，建立扬子江城市群自贸区，与上海自贸区直接对接，形成规模效应。应该说，扬子江城市群具备筹建自贸区的条件，具备了向自贸区转型的产业基础。因此，在国家推进自贸试验区战略的情况下，扬子江城市群应该看齐国家自贸试验区战略，争取建立扬子江城市群自贸区，促进城市群的人才、机构、资本、技术等创新要素的自由流动和高效利用。

6. 密切关注上海自贸港建设。习近平总书记在党的十九大报告中提出，赋予自由贸易试验区更大改革自主权，探索建设自由贸易港，2017年3月30日，国务院印发的《全面深化中国（上海）自由贸易试验区改革开放方案》中明确提出，在洋山保税港区和浦东机场综合保税区等海关特殊监管区域内设立自由贸易港区。对标国际最高水平，实施更高标准的"一线放开""二线安全高效管住"贸易监管制度。上海自贸试验区已经在建设自由贸易港区进行探索，这对扬子江城市群建设提供了新的机遇，扬子江城市群应密切关注上海自贸港建设，积极对接，以上海为长三角的龙头，发挥好长三角北翼核心区的作用，共同推动长三角的快速发展，从而带动自身更好更快发展。

（作者：成长春，智库首席专家，南通大学江苏长江经济带研究院院长；童霞，南通大学商学院教授）

做好区域合作大文章，实现江苏高质量发展

2018年6月1日召开的长三角地区主要领导座谈会以"聚焦高质量，聚力一体化"为主题，对长三角更高质量一体化发展进行再谋划、再深化。会议强调，上海要进一步发挥龙头带动作用，苏浙皖要各扬所长，努力将长三角地区建设成为全国贯彻新发展理念的引领示范区、全球资源配置的亚太门户、具有全球竞争力的世界级城市群。会议还提出"加快构建区域创新共同体，研究规划建设长三角科技创新圈""聚力建设现代化经济体系，以数字经济助推长三角地区高质量发展""积极把握新一轮扩大开放机遇，复制推广自贸试验区改革创新成果"等内容，为推动长三角更高质量发展提供了行动纲领。

江苏作为长三角地区的重要成员，我国东部的经济发达省份，要进一步发挥自身的优势，需重点围绕如何利用好上海的科创资源、制造品牌、自贸区建设等资源，做好与上海区域合作的大文章，努力实现江苏在高质量发展上走在全国前列。

第一，借力上海科创资源优势，构建长三角区域创新共同体。上海将建成具有全球影响力的科技创新中心作为提升全球城市核心功能的重要环节。江苏的科创资源丰富，要围绕经济发展高质量，要把创新作为引领发展的第一动力。首先，增强科技创新能力。借助上海科创中心建设机遇和区域内高校、企业和研究机构的优势科创资源，着力提升原始创新能力和技术转化能力，系统推进创新型省份建设。其次，实现创新要素跨区域联动。打通创新要素流动在区域空间上的界限，实现与上海张江综合性国家科学中心、合肥综合性国家科学中心科创资源的协同创新。加强苏南国家自主创新示范区、南京江北新区与上海张江综合性国家科学中心、G60科

创走廊等国家级科学中心的联动，合力打造长三角区域创新共同体。

第二，响应"上海制造品牌"战略，共建国际先进制造业基地。上海提出要进一步做强上海制造品牌，推动互联网、大数据、人工智能和制造业的深度融合，寻求新的发展动能。为此，江苏要有效呼应这一战略。首先，加快产业转型升级。利用好上海的城市非核心功能疏解和资源、产业链等外溢的机遇，实现与上海生产要素对接由劳动密集型向技术密集型、知识密集型转变，先进制造业迈向全球价值链中高端，加强与云计算、大数据、物联网、人工智能等新技术的融合，积极发展共享经济、数字经济和现代供应链等新业态新模式。其次，加强区域间产业分工协作。要瞄准上海或长三角其他地区急需的重点产业领域，加强研究谋划，进行整体战略部署，坚持产业的分工协作、错位发展，培育协同攻关的世界级产业集群，优化重点产业布局，推动产业链深度融合，共建具有国际竞争力的先进制造业基地。

第三，抢抓上海自贸区功能外溢机遇，提高对外开放服务水平。上海要进行自贸试验区建设，江苏作为上海自贸区的近邻，要把握扩大开放机遇。首先，放大功能持续"溢出效应"。通过上海自贸区总部经济和由高端制造、服务引导的全球贸易网络的扩散，大力发展交通运输业、金融服务业和信息服务业等生产性服务业，为上海提供高端的产业配套服务，促进上海服务业开发与江苏之间的联动发展。其次，加快与自贸区对接。江苏要积极探索自贸区建设，与上海自贸区直接对接，复制推广其改革创新成果，形成规模效应。同时，推进沿江沿海港口功能转型，大力发展陆海空多式联运，争取建立与上海自贸区统一的对外开放平台，合力与上海形成错位发展、特色发展、联动发展，发挥好长三角北翼核心区的作用。

（作者：刘峻源，南通大学江苏长江经济带研究院助理研究员，博士）

打造长三角"双创"升级版，让创新迸发新的增长点

2018年政府工作报告提出，要"提供全方位创新创业服务，推进'双创'示范基地建设，鼓励大企业、高校和科研院所开放创新资源，发展平台经济、共享经济，形成线上线下结合、产学研用协同、大中小企业融合的创新创业格局，打造'双创'升级版"。

"双创"升级版的首次提出，旨在推动科技型创新创业为引领的"双创"的升级发展，进一步释放了科技创新潜力，并有效服务于实体经济转型升级。其内涵主要在于支持资源开放共享，推动国内国外、线上线下、大中小企业双创融通发展，根据地区特色构建差异化创新创业体系。

长三角地区是中国经济最活跃、开展"双创"较早、成果斐然的区域。新时期长三角地区理应成为打造"双创"升级版的领头羊、排头兵和国家"双创"战略的中流砥柱。打造长三角"双创"升级版，不但有利于构建区域高质量发展的新引擎，还将促进长三角区域一体化进程，并为建设创新型国家更好地提供战略支撑。围绕打造具有地域特色的长三角"双创"升级版，作者有如下几点思考：

一是推动"双创"由草根企业向大中小企业融通发展转变。积极引导具有技术、人才、资金、资源优势的各类大型企业参与进来，鼓励大企业探索孵化创新创业团队与项目的新模式，主导推动形成定位更高、配置更优、聚焦更精准、执行更有力的"双创"体系。不但要引导大型企业成为创新创业的主体，还要发挥其搭建创新平台优势，使之成为培育中小型创新企业的摇篮，如自主参与"众创空间"建设、运营、管理和服务，助推创客与众创、众包、众筹的融合等。政府则退居幕后，服务于企业，为

"双创"营造良好环境和氛围,调动各类市场主体创新创业的积极性。

二是引导优势科研资源与企业研发机构跨地对接。建设跨地区的创新创业资源共享平台,面向全社会开展创业服务,促进区域科技资源开放共享,支持企业、高校、科研院所开展产学研协同,构建专业化的众创空间,有效形成集众创空间、孵化器、加速器为一体的孵化体系,打通从创意、研发到小批量生产的"超越摩尔"产业生态链布局,打造研发与转化平台,吸引并服务更多企业、个人参与到创新创业中来。

三是建设高质量的区域创新示范基地。首先,长三角区域"双创"示范基地建设要从单纯追求数量到提升质量转变。高质量创新示范基地不但要充分发挥集聚创新创业资源的效用,更要推动众创空间、孵化器向专业化、精细化、市场化升级,并要发挥其布局创新中心、设施共享平台、科技信息平台、大企业平台、技术升级大工程建设等重要载体的作用。同时,长三角中心城市依托优势科教资源所建设的创新示范基地,要在市场配置资源作用下,放大"双创"溢出效应,鼓励孵化成果在长三角区域的其他城市异地转化为生产力。其次,要加大区域内各类创新示范基地的分工合作,推进基地内大中小企业融合发展,打造具有长三角特色、富有活力的创新创业体系。

四是加强创新创业的社会服务和政策保障。在社会服务方面,长三角各地要携手建立法制、诚信的社会环境,在区域范围内统筹推进"放、管、服"改革,整合市场监管、城市管理等邻近领域执法职能,开展商务领域的综合执法体制改革,完善事前事中事后监管制度体系。在政策保障方面,长三角各地要在国家推进各项支持创新金融政策的基础上,进一步出台兼具精准性、可操作性的"双创"配套政策,强化商业化培育和对创新的扶持,提升扶持政策和资金的使用效率,强化人才制度的落实,加强知识产权保护,积极引导高端知识产权服务机构布局、服务于长三角地区。

(作者:胡俊峰,南通大学商学院副教授)

第三编

江苏沿海沿江区域发展研究

"一带一路"交会点建设与江苏沿海经济带发展研究报告

江苏沿海地区位于"一带一路"交会点上,是新亚欧大陆桥和长江经济带重要的出海门户,是国家多重战略实施的前沿阵地,是江苏发展最具潜力和空间的区域,在全国发展大局中具有重要战略地位。未来一段时间,江苏沿海经济带应以新发展理念为指引,全力推进高强度建设、高质量发展、高水平开放,努力将该地区建设成为我国东部地区重要的经济增长极和"一带一路"枢纽,为江苏"一带一路"交会点建设提供重要支撑。

一、近年来江苏沿海经济带发展历程与主要成就

2009年6月,国务院第68次常务会议审议并原则通过《江苏沿海地区发展规划》,江苏沿海地区发展正式上升为国家战略并付诸实施。9年来,江苏省委、省政府认真贯彻落实党中央、国务院战略部署,分三个阶段举全省之力推动沿海地区发展取得积极成效。

第一阶段:江苏沿海开发1.0阶段(2009—2012年)。先后出台了贯彻国家规划实施意见和沿海开发五年推进计划,着力做好打基础、利长远的各项工作,为全省乃至全国应对国际金融危机、稳定经济增长大局做出了积极贡献。

第二阶段:江苏沿海开发2.0阶段(2013—2015年)。开发重心转向以贯彻落实习近平总书记对江苏三项工作要求为主线,以组织实施沿海开发"六大行动"为抓手,突出提质增效升级,加快发展方式转变,为完善全国沿海生产力布局、提升长三角地区综合竞争力、服务带动中西部、打

造"一带一路"合作平台和保持全省经济稳定增长做出了积极贡献。

第三阶段：江苏沿海开发3.0阶段（2016年以来）。重点围绕全面落实习近平总书记对建设"强富美高"新江苏和"一带一路"交会的要求，突出贯彻新发展理念和供给侧结构性改革要求，推进"十三五"沿海发展规划实施，坚持生态优先、绿色发展，强化创新驱动、产业转型，深化陆海统筹、江海联动，着力为建设"强富美高"新江苏、推进长三角一体化、促进我国东中西加强合作以及支撑"一带一路"建设做出积极贡献。

经过三个阶段的全力推进，江苏沿海开发圆满完成了国家规划确定的阶段性目标任务。上升为国家战略以来，江苏沿海地区生产总值每年跨越一个千亿元级台阶，2017年江苏沿海地区GDP达到1.52万亿元，年均增长11.5%，高出全省1.8个百分点，占全省比重从14.5%提高到18%。人均GDP达到7.98万元，年均增长12.4%，公共财政预算收入、固定资产投资年均增长为17.1%、16.5%，分别高于全省2.8个、7个百分点。2017年沿海地区三次产业结构为8.2∶45.7∶46.1，二、三产业占比较2009年提高4.4个百分点。研发投入占GDP比重达到2.33%，比2009年提高近1.2个百分点。2017年沿海港口吞吐量、外贸进出口总额分别达到3.12亿吨、3 419.57亿元，年均增长分别为14.8%、9.4%。2017年城市化率达到63.17%，比2009年提高15.37个百分点。总体上看，沿海地区发展步入了后发快进、加速崛起的快车道，成为全省增长速度最快、发展活力最强、开发潜力最大的区域之一。

在经济社会发展总体水平取得显著提升的同时，江苏沿海地区参与"一带一路"建设也取得了积极成效。一是顶层战略设计不断强化。近年来，江苏沿海三市认真贯彻落实中央和省委、省政府关于"一带一路"、沿海开发等决策部署，谋划制订了推进国际产能和装备制造合作、建设"一带一路"支点等实施"一带一路"国家倡议的相关行动方案。二是国际产能合作稳步推进。2014—2017年期间，江苏沿海三市积极推动国际产能合作，在印尼、新加坡、以色列、坦桑尼亚等"一带一路"沿线国家累计新增投资项目176个（其中：南通116个、盐城47个、连云港13个），累计投资额近30亿美元。三是境内合作载体积极搭建。除了连云港的中哈物流合作基地、上合组织（连云港）国际物流园等重要载体外，盐城的中韩产业园、南通的中意海安生态园和中斯产业园等，正在着力打造与"一带一路"沿线国家的高端产业合作和国际生态合作新高地。四是境外合作园区健康发展。沿海三市依托龙头企业积极开展境外园区建设。比如，南通的双马集团在印尼加里曼丹岛、涤诺公司在印尼雅加达马伦达保税区、联发集团在柬埔寨以及盐城的江苏德龙镍业在印尼东苏拉威西省建设的合作园区进展顺利。五是对外开放品牌加快树立。连云港国际班列是全国运营规模和运行效率最高的跨境班列。连云港"新亚欧大陆桥安全走廊国际执法合作论坛"、南通"江海国际博览会"、盐城"中韩产业园合作交流会"等展会影响广泛。沿海农业开放品牌逐步树立。六是综合服务水平明显提升。连云港多式联运监管有效推进，国际贸易"单一窗口"建设成效明显，口岸通关和贸易便利化水平显著提升。南通市成立了"海内外警侨联动服务中心"，为通商"走出去"提供安全保障。沿海港口一体化整合初步启动。

二、江苏沿海经济带支撑"一带一路"交会点建设的困难

国家战略实施以来，江苏沿海经济带发展成效显著，但仍然存在着发展不平衡不充分问题，尤其在支撑江苏"一带一路"交会点建设方面，还面临着诸多困难和挑战。

一是区域中心城市辐射服务和引领带动作用偏弱。江苏沿海三市中心城市普遍体量偏小、能级偏低，对区域整体的服务作用不强，难以强力支撑"一带一路"交会点建设。

二是对内对外及东西双向开放基础设施尚存短板。洋口港、大丰港和通州湾港等万吨级港区尚未列入全国规模以上海港之列，连云港的港口物流和腹地空间受到明显挤压。

三是区域支柱产业新旧动能和结构转换仍不显著。盐城和连云港仍为"二三一"产业结构，且农业占比超10%。沿海三市支柱产业仍以传统制

造业为主，新旧动能转换待加强。

四是海洋经济发展及对区域经济带动作用不充分。总体而言，江苏沿海三市尤其是连云港的海洋经济规模小、底子薄、基础差，发展不够充分，产业支撑作用弱于周边滨海城市。

五是港产城融合度不足且岸线利用效率有待提升。江苏沿海三市中心城区、城镇、产业大都远离滨海岸线，不利于集聚集约利用岸线资源和支撑"一带一路"交会点建设。

六是沿海三市的协同联动发展实践亟待深入推进。从沿海三市相互关系看，目前还处于各自为政、彼此竞争、自我发展为主的阶段，整体联动发展的意愿和行动尚不积极。

三、江苏沿海经济带支撑"一带一路"交会点建设的思路

（一）战略定位

总体定位。顺应时代潮流，服务国家开放大局，从战略高度挖掘江苏沿海经济带蕴含的支撑"一带一路"建设潜力，打造我国东部地区经济新增长极、培育东西双向开放新优势、构筑国际合作新平台、走出绿色发展新路子、创造联动发展新模式，努力把江苏沿海经济带建成"一带一路"的枢纽。

围绕总体定位，加快在以下发展定位上实现突破。

——"一带一路"建设先行基地。全面提升江苏沿海地区对内对外互联互通能力，加强与新疆、福建两个"一带一路"核心区的联动，向西连接新亚欧大陆桥沿线国家和地区，向南衔接上海国际航运中心、浙江舟山群岛经济区、福建海峡西岸经济区，加快建设面向国际、承接东西、连接南北、高效通畅的综合立体交通枢纽，打造国际商贸物流中心、产业合作创新区和人文交流深度融合区，加速建设"一带一路"建设先行基地。

——江海联动发展基地。发挥独特的黄金水道和黄金海岸叠加优势，以南通为重点，联动泰州、盐城两市，规划建设通泰盐都市圈，推进江海联动、陆海统筹，呼应对接上海、苏南，辐射带动苏中、苏北和长江中上

游地区发展，大力发展江海联运服务，提升江海转运能力，打造江海直达运输集散基地、多式联运物流中心，强化长江经济带龙头带动作用，加快建设具有国际先进水平的江海联动发展基地。

——开放合作门户基地。充分发挥沿海地区开放特色优势，加快中哈（连云港）物流合作基地、上合组织（连云港）国际物流园、国家东中西区域合作示范区、中韩（盐城）产业园、南通通州湾江海联动示范区、中意海安生态园等重大载体建设，加强综合配套改革，先行试点试验，强化与东北亚特别是日韩的交流合作，深化与新亚欧大陆桥沿线国家和地区合作发展，加快建设具有国际影响力、辐射带动能力强的东西双向开放合作门户基地。

（二）主要目标

到2020年，供给侧结构性改革、经济转型发展、"一带一路"枢纽建设打造取得明显成效，前港、中产、后城的沿海空间布局和现代化立体综合交通网络基本形成，沿海滩涂资源可持续开发利用进展顺利，以城市群为主体形态的沿海城镇体系更加完善，东西双向开放门户功能不断增强。地区生产总值年均增长9%左右，经济总量占全省的比重进一步提升，人均地区生产总值达到或高于东部地区平均水平。主要创新指标力争达到全省平均水平，研发经费支出占地区生产总值比重提高到2.5%以上，高新技术产业产值占规模以上工业产值比重达到40%。产业结构调整取得重大进展，沿海新型工业基地基本建成，现代产业体系基本形成，服务业增加值占地区生产总值比重达50%左右，经济发展质量和效益得到显著提升。新型城镇化和城乡发展一体化质量明显提升，中心城市辐射带动能力显著增强，城镇化率达65%左右。生产方式和生活方式绿色、低碳水平持续上升，单位地区生产总值能耗降低率、主要污染物排放总量削减率全面完成省下达任务，生态建设不断加强，沿海地区林木覆盖率高于全省平均水平。人民生活水平普遍提高，城乡居民收入年均增长9%左右。

到2025年，现代综合立体交通体系基本形成，新亚欧大陆桥东方桥头堡功能全面提升，国际商贸物流中心、产业合作创新区和人文交流深度融合区建设成效显著,江海联动发展格局持续深化,具有国际竞争力的东西双向开放合作门户功能明显增强,我国东部地区重要的经济增长极和"一带一路"枢纽建设全面建成。

(三) 总体思路

按照习近平总书记建设"一带一路"交会点的总要求,全面解放思想、奋力追赶超越,通过高强度建设、高质量发展、高水平开放,实现一体化跨越式发展,充分释放其在参与"一带一路"建设中的优势和潜能,着力打造智慧沿海、绿色沿海、活力沿海。

1. 高强度建设

一是高强度推进基础设施建设。立足发展大物流,加强基础设施建设,强力推进公、铁、水、空、管等相互补充的立体化交通体系,联通"一带一路"和衔接长三角、沟通中西部,推动互联互通水平显著提升,促进多式联运加快发展,增强基础设施服务沿海发展的能力,加强三市联动,提高面向全省、全国的通达水平。二是高强度推进陆海统筹。立足发展大港口,加强江苏第一出海通道建设,支持连云港加快建成与"一带一路"建设支点相适应的区域性国际航运中心,巩固连云港海铁联运特色优势。在通州湾港区规划建设江苏第二出海通道,推动通州湾江海联动示范区加快发展江海联运服务,开发大宗散货海进江、江出海中转功能,深化江海港口一体化改革,更好连接海陆"丝绸之路",不断增强沿海发展的特色优势。三是高强度推进中心城市建设。立足发展大城市,增强中心城市经济集聚和人口吸纳能力。支持连云港共建东方桥头堡,打好陆桥经济牌。充分利用盐城发展空间大的优势,打造可持续发展示范区。充分发挥南通沿海崛起的龙头作用,增强其辐射带动功能。

2. 高质量发展

以新发展理念为指引,以提高供给体系质量、支撑江苏实现"六个高质量"为主攻方向,推动经济发展质量变革、效率变革、动力变革,加快建设实体经济、科技创新、现代金融、人力资源协同发展的现代产业体系。一是深化供给侧结构性改革。聚力发展临港先进制造业,支持传统产业优化升级，加快发展现代服务业，推动江苏沿海地区产业迈向全球价值链中高端。坚持"三去一降一补"，优化存量资源配置，扩大优质增量供给，实现供需动态平衡。激发和保护企业家精神，弘扬劳模和工匠精神。二是加快建设创新型经济带。推动互联网、大数据、人工智能和沿海经济深度融合。深化科技体制改革，建立以企业为主体、市场为导向、产学研深度融合的技术创新体系。培育造就一批具有国际水平的科技领军人才和高水平创新团队。三是实施乡村振兴战略。建立健全城乡融合发展体制机制和政策体系，加快推进农业农村现代化。构建现代农业产业体系、生产体系、经营体系，培育新型农业经营主体。促进农村一二三产业融合发展。四是协同推进绿色发展。按照生态优先、绿色发展要求，推动江苏沿海经济带协调性均衡发展，创新区域一体化发展体制机制，强化陆海资源集约、高效、综合利用，实现人口经济和资源环境空间均衡，真正让黄金海岸产生黄金效益。

3. 高水平开放

以参与"一带一路"建设为重点，坚持引进来与走出去并重，以高水平开放拓展江苏沿海地区发展新空间。一是合力打造开放合作平台。鼓励沿海三市共建共用共享国家东中西区域合作示范区，共同打造中哈（连云港）物流中转基地、上海合作组织出海基地，集中力量支持连云港申报自由贸易港区，全力建设通州湾江海联动示范区。二是努力营造良好投资环境。复制推广上海自贸区改革经验，全面落实准入前国民待遇加负面清单管理制度，对标国际先进水平，实行高水平的贸易和投资自由化便利化政策，营造更加公平透明便利、更有吸引力的外商投资环境。三是更好利用国际国内两个市场。充分发挥连云港论坛等展会平台作用，放大综合效应，促进更多项目落地见效。创新对外投资方式，促进国际产能合作，推动形成面向全球的贸易、投融资、生产、服务网络，加快培育江苏沿海经济带国际经济合作和竞争新优势。

四、江苏沿海经济带支撑"一带一路"交会点建设的对策

以习近平总书记系列重要讲话特别是视察江苏重要讲话精神为引领，

充分发挥国家战略叠加优势,有效集聚创新要素,继续强化"三极、一带、多节点"的空间布局,着重从强化联动发展、打造战略支点、做强苏北腹地、推进东西双向开放等方面,大力提升江苏沿海经济带的整体经济实力和国际竞争力。

(一) 强化沿海地区联动发展

深入推进江苏沿海开发3.0,着力打造"港口群+产业带+城镇轴"三位一体沿海经济走廊,增强支撑"一带一路"交会点建设的整体实力。

第一,推进港口联动、打造沿海港口群。打造以连云港港和南通港为干线港、盐城港为支线港和喂给港的一体化港口体系。进一步突出连云港区域性国际枢纽港建设。着力提高港口基础设施深水化、大型化水平,完善港口的综合集疏运体系,凸显沿海港口的现代物流、多式联运、产业集聚、对外开放等服务功能。以连云港港、大丰港、洋口港为沿海三市各自发展重点,通过跨地区资本合作开展战略合作,三市合力提升沿海港口群发展整体质量与综合效益,提升全省沿海港口发展对区域经济社会发展、扩大对内对外开放的服务支撑作用。第二,推进产业联动、做强沿海产业带。在做大做强传统优势主导产业基础上,着力发展并壮大临港产业和新兴产业,尤其是推动一批投资规模大、科技含量高、带动能力强的重大临港工业、战略性新兴产业项目落户沿海,构建沿海现代产业体系。加快形成以商品粮、农产品生产加工和出口等现代农业为基础,以新医药、新材料、新能源、船舶与海工、汽车、生态石化等先进制造业为主体,以现代物流、金融商务、滨海旅游等生产性服务业为支撑的现代产业协调发展新格局。推进国家海洋经济创新发展示范区建设,推进海洋高端装备、海洋生物、海水淡化等重点海洋产业创新和集聚发展,进一步优化海洋产业结构,发展现代海洋经济。加强江苏沿海地区各类园区集聚集约发展,从省级层面推动国家级经济开发区、国家级高新技术区、国家级经济可持续发展区和国家保税区向沿海前沿地区集中,提升开放合作载体建设层次和水平,积极支撑产业有序转移。第三,推进城市联动、建设沿海城镇轴。发展壮大连云港、盐城和南通三个中心城市,依托"互联网+"、大数据、

云计算等现代信息技术,加强中心城市之间以及与周边地区的联系,尽快实现江苏沿海城市区域内户籍、社保、医疗、交通、信用、旅游、产业一体化进程,打造沿海"数字化"城镇群。充分利用盐田和海域滩涂拓展临港城镇空间,推动沿海县城东向发展,将连云港赣榆、盐城大丰、南通洋口等临港城镇打造成城市副中心;大力实施创新驱动和人才优先发展战略,加快建设国家创新型城市,促进人口和产业在港口后方集聚,全面振兴临港城镇。第四,推进港产城融合、打造沿海经济带。深入分析各利益相关方在"港产城联动"中的利益格局,尽快制定沿海地区"港产城联动"专门规划。以港口为龙头,以产业为支撑,以城镇为依托,实行"三港"同步规划、同步建设、同步推进,促进港口、港产、港城"三港"联动。科学整合沿海港口、海洋、土地、岸线、生态旅游等资源要素,组合推进城镇化优势和特色产业优势,加大统筹协调力度,推进资源互补和产业互动,着力打造一批港产城融合发展示范区,建成综合交通运输体系完善、区域经济特色鲜明、开放辐射带动能力强的现代海洋经济和沿海特色产业发展集聚区,实现江苏沿海地区海洋、沿海、内陆之间资源共享、产业互补、港城互联新局面。

(二)打造"一带一路"重要支点

充分利用连云港在国家开放布局中的重要地位,更好发挥连云港"一带一路"重要支点作用和新亚欧大陆桥桥头堡作用。

一是突出建设大门户。积极申报和建设自由贸易港,对标国际标准,实施对外开放和通关贸易自由化,打造服务于亚欧大陆桥沿线及辐射地区的"中转+腹地型"大陆桥物流航运中心;加快推进连云港航运交易市场和大陆桥国际航运功能区建设,形成在航运服务功能主导下的物流链上下游企业空间集聚的特色产业集群;大力推进金融改革创新区建设,谋划构建丝绸之路经济带东桥头堡区域性国际金融中心。二是突出建设大通道。加快构建综合立体交通走廊,打造全程化海陆国际联运链条,全力打造新亚欧陆海联运通道标杆和示范项目,培育东西双向、陆海统筹的骨干物流通道,确立连云港—霍尔果斯线路在新亚欧陆海联运中主通道、连云港在新亚欧陆海联运通道海陆节点中的主体地位。三是突出建设大物流。打造以连云港为中心的新亚欧陆海联运货物中转分拨基地，着力构建国际物流枢纽；推进中哈（连云港）物流中转基地和上合组织出海基地建设，打造区域性国际物流中心；突出上合组织物流园功能开发，建设沿东陇海线物流带，依托新亚欧大陆桥大力发展第三方物流。四是突出发展大经贸。引导沿江及内陆地区大型石化、装备制造等临港重大项目向连云港转移，共建国家级石化产业基地；探索与中西部城市形成共建共用产业联盟，建成国内有影响的高新技术产业示范区；推动"一带一路"沿线地区在连云港建设农产品加工和出口基地，并将"江苏沿海制造"产品更多地打入"一带一路"国家市场。五是突出繁荣大人文。将徐福文化与邮轮经济、文化产业相结合，加快连云港邮轮码头基础设施建设，先期开发日韩海上旅游航线，并逐步向"一带一路"沿线国家和城市延伸。建设秦汉文化产业园、秦汉风情一条街等高端文化产品和服务，把文化产业培育成为江苏沿海经济支柱产业。

（三）增强苏北腹地支撑作用

大力推动苏北地区跨越式发展，积极创造条件，将苏北地区融入江苏"沿海大板块"，为江苏沿海经济带参与"一带一路"建设提供坚实腹地支撑。

一是与沿海港口建设加强互动。通过"无水港""地主港"等模式，加强苏北腹地与沿海港口互动，推动连云港、盐城与苏北其他城市形成经济共同体，使连云港、盐城成为苏北名副其实的出海口，推动苏北地区由"内陆"走向"大海"。把连云港打造成徐州拥抱海洋经济的重要出海口，将连云港自由贸易港区的服务功能延伸到徐州，实现资源共享。二是与沿海交通建设加强对接。加快实施江苏沿海与苏北城际铁路建设，依托连云港港口和徐州的铁路枢纽优势，大力推进交通设施网络体系建设。整合苏北、沿海空港资源，扩大空港容量，加快形成与沿海公铁水航管并举的交通网络，提升立体式交通体系建设水平，使江苏沿海与苏北统筹发展更上一层楼。三是与沿海经济加强融合。积极推进实施陆海统筹战略，协调江苏沿海与苏北内陆经济融合发展，发挥苏北地区对沿海发展现代海洋经济的主要经济腹地功能，形成"以海带陆，以陆带海、海陆融合、统筹发展"的新模式。积极推进苏北地区与江苏沿海地区抱团融入"一带一路"建设。加强东陇海线经济带建设，形成与沪宁经济带南北对应之势。四是与沿海城镇加强协同。全力建设连云港、盐城沿海中心城市，加快徐州都市圈、淮安苏北地区重要中心城市建设步伐，积极推进宿迁城市化进程。加强徐、淮、宿三市与沿海港口联动，提升苏北产城互动、产城融合、港产城一体化发展水平。

（四）放大东西双向开放优势

沿海三市要坚持引进来和走出去并重，遵循"共商共建共享"原则，推动形成机制灵活、陆海内外联动、东西双向互济的全方位、多层次、宽领域开放格局。

一是拓展开放通道。做强南向与上海、宁波、舟山等港口港航合作通道，提升西向中欧班列功能，规划建设南通新机场，增强沿海地区与周边地区互联互通能力，推进南通开展国际通信业务出入口局试点建设，大力发展海铁联运和江海联运。二是培育开放主体。引导江苏沿海外贸主体实施优进优出战略，扩大"江苏沿海造"优质产品出口比重，优化进口商品结构，支持外贸主体设立研发中心，推进制造企业供应链创新，瞄准世界500强、中国500强、行业100强以及具备良好发展前景的"独角兽"企业，开展江苏沿海招商引资活动。培育一批江苏沿海外贸综合服务试点企业，加快服务贸易技术创新、制度创新和商业模式创新。三是加强开放合作。提高向东开放合作水平，深化与东北亚特别是日韩的经贸、产业等方面的务实合作。加快西向开发开放步伐，积极参与国际经济合作走廊建设。深化与长江经济带城市合作，推进江海一体化发展。加强与中西部地区合作，建立与中西部地区产业转移对接机制。四是优化开放环境。深化国际贸易"单一窗口"建设和应用，推进外商投资和对外投资管理体制改革，加强综合保税区外汇管理改革，创新海关特殊监管区域监管方式，促进贸易投资自由化便利化。深化简政放权，完善信息化、智能化的事中事后监管体系，创新社会共治监管方式，推进综合执法改革，打造优质高效出入境软环境。

（五）推进体制机制改革创新

一是加强组织领导。建议省委、省政府进一步强化高规格领导小组的领导职能，统筹协调推进沿海开发，沿海市县也相应完善领导及协调机构，构建上下联动、合力推进的良好机制。制订多层面的专项行动计划，构建数据统计、信息报送制度及考核评价体系，形成定期汇报和重大项目督查制度，加大工作绩效考核和督查力度。建立联席会议制度，协商解决跨区域的重大问题。加强与相关部委互动交流，及时了解国家相关政策以及相关工作部署和计划规划，主动配合，借力、借势推动沿海经济带重大项目建设。二是推动政策创新。省有关部门指导和支持连云港申报和建设自由贸易港，促进连云港形成在更高水平上的合作开放。按照互惠互利的原则，推动建立省级层面区域合作协调机制与考评机制，营造良好的区域产业合作体制机制环境，共同探索产业跨行政区转移的利益分享机制，确保政府间实现利益共享。支持沿海三市建设面向海洋经济的产业科技创新和具有国际竞争力的新型临港产业基地。鼓励沿海港口新开辟通往"一带一路"沿线国家及欧美干线的外贸班轮直航航线。推进投融资机制创新，加大金融支持力度，支持沿海地区符合条件的企业上市、发行债券，继续推动设立"一带一路"（江苏沿海）系列投资基金，组织地方投融资平台联合发行"一带一路"（江苏沿海）系列集合债券，鼓励国内外金融机构扩大对沿海重点领域、重点行业、重点企业的融资规模。强化政策引导，做好政策对接，使政策落到项目上，落实到资金和各类要素的投入上。三是推进制度创新。建议在沿海港区划出一定区域，给予优惠政策，按照统一规划，推动建设"区中区""园中园"，形成共建共享、合作开发新模式，并鼓励支持中央直属企业、大型企业、金融机构等参与合作共建。对于承接产业转移项目的收益以及共建园区合作共建期间引进项目的收益，可由合作各方分享。制定重要开发节点扶持政策，以项目为纽带，吸引沿海、沿东陇海地区各主体发挥各自优势，采取多种形式，在连云港示范区

合作共建园区。加强与交通运输部的沟通交流，与大型航运企业合作，提升远洋航线的覆盖度和密度。在盐城大丰港、如东洋口港以及通州湾加大招商引资力度，对临港产业予以优惠措施，拉动港产城联动发展。四是保护生态环境。坚持开发建设与环境保护并重，运用现代技术开发资源，引导传统产业智能生产、绿色生产等新模式，平衡社会经济发展与生态环境资源管理；高度重视沿海土地、滩涂、岸线、条子泥等资源保护与开发，统筹产业开发、城镇建设、农业生产和生态保护，创造绿色空间，建设良好生态；推行连续动态的监测体系，推动建设资源节约型、环境友好型沿海生态带，形成"生态＋互联网"的发展模式，不断增强沿海地区可持续发展能力。

课题组成员：

成长春，南通大学原党委书记，南通大学江苏长江经济带研究院院长，教授，博导；

徐长乐，南通大学特聘教授，华东师范大学长江流域发展研究院常务副院长，教授，博导；

杨凤华，南通大学江苏长江经济带研究院副院长，教授；

古龙高，江苏省社科院沿海沿桥发展研究中心副主任，连云港分院原副院长，研究员；

季燕霞，南通大学管理学院教授；

何新易，南通大学商学院国际经济与贸易系主任，副教授，博士；

陈长江，南通大学江苏长江经济带研究院副研究员，博士；

王银银，南通大学商学院副教授，博士；

郁恒飞，盐城师范学院江苏沿海开发研究院办公室主任。

执笔人：

杨凤华，王银银，陈长江。

以陆海统筹推进江苏海洋经济发展

摘 要 "十三五"时期,江苏推进现代海洋经济发展面临的国内外环境发生深刻变化。面对当前存在的沿海港口节点作用不突出、临港产业集聚力不强、海洋科技服务较为薄弱等问题,江苏省应充分发挥陆海兼备、滨江临海的地缘优势,紧抓"一带一路"、长江经济带等国家重大战略机遇,落实陆海统筹发展理念,建设海洋经济发展新格局,打造现代海洋产业体系,形成开放型港口经济体系,健全陆海统筹发展机制,铸造江苏海洋经济后发优势,打造江苏经济发展新的增长极。

江苏地处"一带一路"和长江经济带的交会处,陆海兼备、滨江沿海的地缘优势明显。江苏省委省政府于21世纪初实施江苏沿海发展战略,2009年江苏沿海地区发展规划上升为国家发展战略,对江苏实施陆海统筹、发展海洋经济提供了重大机遇。

一、江苏海洋经济发展成就

1. 实施陆海统筹优势较为明显。江苏区位优势突出,海洋资源丰富,科技优势明显,陆地经济雄厚等基础条件为陆海统筹、构建海洋经济优势发挥着积极的支撑和带动作用;江海联动发展,培育了"L"型沿海沿江海洋产业带,形成了船舶修造、海洋工程装备、海洋航运、海洋新能源等优势产业;"东方桥头堡""东中西合作示范区"和沟通沿海与内陆的交通网络为沿海辐射广阔的内陆腹地，内陆腹地支持沿海发展铺设了便捷的通道。

2. 陆海统筹发展态势初见成效。连云港港、南通港进入亿吨大港行列；一批科研院所和高等院校在沿海地区成立研究机构，陆地科技要素向海洋集聚；以海洋资源为要素的海洋生物医药、盐化工、海洋新能源等产业开始向沿海和沿江集聚；以港口和深水航道为要素的船舶制造、海洋工程装备产业向沿海集聚；一批海洋新兴产业的产业链开始向内陆腹地延伸，沿海对腹地的辐射、腹地对沿海的支撑作用开始显现；各种投融资平台相继设立和运行，陆地产业资本向沿海、海洋集聚。

3. 沿海海洋经济发展洼地崛起。全省沿海海洋生产总值由2010年3 551亿元上升至2016年近7 000亿元，年均增长12%，高出同期全省GDP增速1.4个百分点，占GDP比重由8.6%升至9.2%。其中，南通、盐城、连云港2016年海洋生产总值分别达到1 850亿元、1 015亿元、700亿元，占地区生产总值的比重由"十一五"末的25.3%、19.4%、27.0%提升至27.3%、22.0%、29.7%，沿海三市成绩突出。另外，江苏省海洋产业结构在2014年以前呈现"三、二、一"和"二、三、一"交替变化状态，2015年以后，"三、二、一"海洋产业结构逐步稳定，海洋第三产业优势地位突出，海洋产业结构进一步优化。

二、江苏海洋经济发展存在的问题

1. 港口节点作用不突出。江苏沿海港口数量众多，以连云港为代表，2016年年底已建成30万吨级航道，成为真正的综合性国际深水大港。然而，江苏国际化港口少，发展中港口较多，以港口为枢纽、以集疏运体系为支撑的高效江海河、铁公水多式联运体系建设相对滞后，港口集疏运体系尚存漏洞，港口现代物流、对外开放、多式联运等服务功能仍需进一步增强。另外，江苏港口过度建设问题严重，在规划建设的协调性方面亦有所欠缺。一方面，各地均投入大量资金争相推动港口建设，导致港口运行中出现功能交叉，难以形成规模集聚效应；另一方面，由于缺乏港口功能上协调配合，岸线资源的可持续利用水平不高，极大限制了有潜力港口的发展壮大，阻碍了江苏港口协同发展良性格局的形成。

2. 临港产业集聚力不强。江苏临港产业中对海洋经济拉动最大的海洋船舶业和海洋交通运输业等传统海洋产业的规模较小、比重过大，海洋渔业养殖、船舶修造、滩涂农牧业占江苏海洋总产值25%以上，而广东、福建、山东海洋传统产业比重已降至17%以下。在海洋新兴产业中，海洋工程装备、海洋生物医药、海水综合利用、海洋新能源等产业发展较快，但其规模效应尚未形成，产业集聚效应低，港口物流等关联产业发展水平不高，海洋旅游资源缺乏成熟的盈利模式，海洋新兴产业对沿海经济的带动作用不明显，其优势潜能尚未得到充分释放，在发展规模、发展质量以及对江苏海洋经济贡献等方面亦有待进一步提升。

3. 海洋科技服务较为薄弱。一是海洋科技支撑能力不强。信息技术、物联网和自动化技术在海洋经济管理、港口生产运营中的应用比例较低，沿海海洋经济相关产业信息共享化、网络化推行困难。2016年江苏海洋科技贡献率不到50%，产值贡献率较高的港口物流、海洋新能源、海洋生物、航运服务等发展明显滞后于山东、广东、浙江等沿海省份。二是海洋科技创新及产业化水平不高。江苏海洋科研机构归属不同，部门之间相互协调和整合度较低，总体战略部署难以进行。江苏海洋科技人才匮乏，科技力量分散，涉海教育相对薄弱，海洋经济发展核心技术自给率较低、成果转化率不高，海洋科技创新服务体系难形成。

三、江苏海洋经济发展的对策建议

1. 落实陆海统筹发展理念。一是创新海洋发展思维。全省上下要确定海洋国土意识、陆海统筹意识和建设海洋经济强省的意识，建立陆海统筹的长效机制。坚持以海带陆、以陆促海，实现陆海统筹发展，统筹陆海资源配置，统筹陆海经济布局，统筹陆海环境整治和灾害防治，统筹陆海开发强度和利用时序，统筹近海开发和远海空间拓展。二是树立现代海洋发展理念。围绕江苏沿海开发，和"长三角"一体化战略的实施要求，从

省级层面重提"海上苏东战略",树立"依托海洋谋发展"的海洋战略意识,将沿海、沿江发展放置同样的战略高度,坚持陆海统筹发展的现代海洋经济理念,坚持发展海洋经济与建设海洋生态文明并举理念,坚持海洋经济与海洋科技并举理念,坚持向海洋服务型发展转型理念,推动海上陆地与交通联动、产业联动、生态保护联动,打造江苏经济发展的新增长极。

2. 建设海洋经济发展新格局。一是推进海洋载体建设。沿海三市要抢抓机遇,着力建设空间载体、产业载体、港口载体及项目载体等四个载体,夯实产业基础,提升产业化水平,重点实施包括滩涂资源开发、港口群建设、海岛开发、滨海旅游城市建设、海洋资源深度开发、海洋生态环境等六大工程项目。二是优化港、产、城互动发展格局。出台省级层面的引导政策,推进海洋经济与城市化互动发展,推动陆域资本、技术、信息等要素向海洋流动配置,促进城市功能的提升和陆域经济的发展,着力推进产业园区化、园区城镇化、城镇生态化,实现产城集群发展。本着以产兴城、产城互动、整体推进的要求,把园区建设和港城发展,尤其是新区建设结合起来,将产业园区建成港城的一个功能区,使之成为港城的一个亮点。同时结合主体功能区、工业园区和重大产业项目建设,实施港产城一体化规划建设,构建宜居宜业的现代化沿海新城,实现"产业向园区集中,园区向港口集中",加快形成沿海港口集群、产业集群、城市集群。

3. 打造现代海洋产业体系。一是优化海洋产业结构。促进传统海洋产业转型升级、培育新兴海洋产业集群、引导海洋服务业提质增效,紧紧围绕"L"型海洋经济带和"一带三区多节点"的空间布局,采取政策引导与市场调节相结合,引导适宜布局沿海的产业向沿海地区集聚,壮大和培育海洋经济优势。二是实现海洋经济跨越式发展。确立海洋产业集群发展目标,制订江苏特色海洋产业集群建设方案,加强港口园区建设,合理布局临港产业,加大海洋渔业、临海重化工业、海洋交通运输、盐土农业等海洋传统产业技术创新力度。全力培育壮大海洋工程装备制造业、海洋新能源产业、海洋生物医药产业、海水综合利用业等海洋新兴产业。坚持把服务业作为现代海洋产业调整升级的战略方向，产业发展重点从资源开发转向海洋航运、海洋金融、海洋法律服务等高附加值的高端海洋服务业。

4. 形成开放型港口经济体系。一是放大港口资源优势。围绕开发建设现代化综合大港的目标，加快推进政府主导的重大基础设施和公共服务项目建设，完善沿海基础设施网络，加快港口物流、科技创新、海洋对外开放和海洋开发投融资等平台的建设步伐，逐步形成临港工业及物流业发达、综合运输体系和港航设施完善、腹地经济广阔、产业发展配套、港口运行机制协调的现代港口经济体系。二是发挥交通网络对转移生产要素的积极作用。充分利用沿海铁公水、陆海空立体交通体系的优势，加快建设沿海大通道，发挥沿海高铁、沿海高速公路、沿海高等级公路以及通榆河水道及各通港道路的综合效能，发挥淮河、灌河、通吕运河等在江海河联运中的作用，建设沿海产业带与大运河生态带的连廊。发挥南通"靠江""靠海""靠上海"的区位优势，盐城的广阔滩涂和湿地的资源优势和连云港的"东方桥头堡"和"东中西合作示范区"的战略优势，把这些优势转变为产业优势、经济优势，从而辐射和带动整个苏北地区的大发展，形成开发海洋、发展沿海、联动全省的局面。

5. 建设海洋创新生态系统。一是形成"海洋+互联网"的发展模式。运用现代技术开发海洋，引导海洋传统产业智能生产、绿色生产等新模式，提高海洋工业的高技术水平和产业化能力，平衡海洋经济发展与海洋环境资源管理；以前沿技术创新和战略性新兴产业发展为牵引，围绕海洋产业链部署创新链，使创新驱动成为海洋经济发展原动力，发挥南通国家级海洋经济创新发展示范城市的引领作用，加快盐城、连云港两市"国家级海洋经济创新发展示范城市建设步伐。二是打造海洋科研平台。加强与国内外、省内外涉海高校、研究机构人才的融合与合作，在河海大学、南通大学、盐城师范学院、淮海工学院等高校开设海洋经济相关专业，设立国家级海洋经济重点实验室，培育海洋工程技术中心和产业化示范基地，建设海洋科技示范园区。提倡国家级科研院所落户沿海三市，同时需加快

构建以企业为主体、市场为导向、产学研相结合的区域性海洋科技创新体系,对海洋经济运行进行科学分析与评估,努力打造海洋科技创新及产业化高地。

6. 健全陆海统筹发展机制。一是打造"陆地"与"海洋"统筹发展机制。健全省海洋经济发展联席会议制度,定期研究海洋经济发展重大决策,督促落实有关政策措施,组织实施重大工程项目,协调解决重大问题。打破行政区划壁垒,实行资源要素统筹配置、优势产业统筹培育、基础设施统筹建设、生态环境统筹整治,从省级层面要逐步放权放利,妥善处理省、市、县三级政府在滩涂围垦上的利益关系。二是分析研判海洋经济发展实力。由海洋渔业主管部门牵头,相关科研院所和智库等参与,开展江苏海洋资源丰度竞争力、海洋人力资源竞争力、海洋科技竞争力、海洋经济竞争力、海洋活动竞争力以及海洋产业综合竞争力分析研究,综合研判江苏海洋经济发展实力和核心竞争力,为推动海洋经济发展提供支持。三是实现陆域资本要素与海洋资源要素的双向流动、合理配置。政府要适时引导金融机构对海洋产业的资金支持,加快设立沿海产业基金,组建沿海发展银行,多元化使用金融手段,特别是为战略性新兴海洋产业提供资金保障;深化海洋资源利用市场化改革,提高海洋资源配置效率。

课题组组长:
成长春,南通大学江苏长江经济带研究院院长,教授,博导。
课题组成员:
陶家强,盐城师范学院商学院讲师;
王银银,南通大学商学院副教授;
严翔,河海大学商学院博士生。

共建东方桥头堡　　打好陆桥经济牌

摘　要　连云港在港口区位、双向开放、政策保障等方面，具有打造新亚欧大陆桥东方桥头堡的优势。在连云港诸多发展定位中，新亚欧大陆桥东方桥头堡是其确切的定位。国内外的激烈竞争以及连云港自身存在的港口竞争优势不强、综合经济实力不足、开放发展层级不高、政策体系支撑不够等问题，较大程度上影响到连云港打造"桥头堡"的底气。今后，连云港应该通过加强与周边城市协同发展、加快建设区域性国际枢纽港、加大现代产业结构调整力度、打造国际化海港中心城市、拓展对内对外开放新空间、完善相关体制机制保障措施等举措，加快提升新亚欧大陆桥东方桥头堡的地位和实力。

2016年12月29日，时任江苏省委书记李强在连云港调研时强调，连云港在"一带一路"合作倡议建设中是新亚欧大陆桥经济走廊重要节点城市、东方起点，对这个内涵要深入挖掘研究，进一步明确连云港的发展定位，把开放这篇文章做好，把海滨风光、现代产业体系、城市特色等优势充分彰显出来，站到发展的"风口"上，真正形成自己的竞争力。在当前连云港的诸多发展定位中，新亚欧大陆桥东方桥头堡的定位，既能鲜明体现连云港在"一带一路"合作倡议建设中的重要战略区位，又能充分凸显连云港在新亚欧陆海联运通道打造中的重要战略功能。因此，在当下推进"协调发展、协同发展、共同发展"的区域发展方针指引下，连云港应与青岛、日照等周边港口城市加强联动，携手打造新亚欧大陆桥东方桥头

堡，合力为新亚欧陆海联运通道建设提供重要支撑。

一、连云港打造新亚欧大陆桥东方桥头堡的优势

一是港口区位优势。连云港港口区位优势明显，是丝绸之路经济带新亚欧大陆桥经济走廊的东方起点，有江苏唯一的深水海港和国际知名的陆桥运输品牌，也是江苏唯一拥有国际客货班轮航线、具有中韩陆海联运试点资质的港口。早在1911年7月，孙中山先生在《建国方略》中就明确将连云港列为全国沿海计划建设的31个港口中的第五位东方大港。1984年，连云港位列国务院批准的全国首批14个沿海开放城市之列。2008年《连云港港总体规划》实施以来，连云港港"一体两翼"总体格局的框架已初步形成。二是双向开放优势。近年来，连云港在江苏率先实行口岸便利化改革试点，国际航行船舶"单一窗口"建成运行。多式联运海关监管中心、启运港退税试点口岸、进口粮食及肉类指定口岸、中韩陆海联运试点口岸等多项开放政策相继落地，与陆桥沿线国家和城市在经贸、产业、旅游、文化等领域的合作积极推进。2015年2月、12月在全省率先开行了至中亚、欧洲国际班列，是全国运营规模和运行效率最高的跨境班列。中哈（连云港）物流合作基地正式启用，成为推进"一带一路"建设以来首个建成的实体项目。总规模20亿元的上合组织（连云港）国际物流园发展基金正式运作。三是政策保障优势。在"一带一路"合作倡议的有关国家政策和江苏对接"一带一路"相关政策中，连云港的中哈（连云港）物流中转基地、上合组织出海基地和上合组织国际物流园、中欧班列建设发展等得到重点支持，连云港被明确为江苏全省"一带一路"建设的核心区和先导区。2017年6月8日，连云港中哈运输合作再次得到中哈两国元首的高度认可，习总书记明确指示"将连云港—霍尔果斯串联起的新亚欧陆海联运通道打造为'一带一路'合作倡议的标杆和示范项目"。另外，江苏沿海开发国家战略中，更是将建设新亚欧大陆桥东方桥头堡作为江苏沿海地区建设的两大发展重点之一。

二、连云港打造新亚欧大陆桥东方桥头堡的困境

自 2010 年俄罗斯、白俄罗斯、哈萨克斯坦成立关税同盟以来，连云港的国际物流枢纽地位受到强力挑战，在国际竞争中的优势亟待强化。"一带一路"路线图战略规划的全国 16 个港口城市中，连云港未被提及。同时，连云港打造新亚欧大陆桥东方桥头堡面临着港口竞争优势不强、综合经济实力不足、开放发展层级不高、政策体系支撑不够等诸多困境，较大程度上影响到连云港打造"桥头堡"的底气。

（一）港口竞争优势不强

强大的港口功能和发达的经济腹地是支撑桥头堡繁荣发展的重要条件。得益于"西部大开发""中部崛起"、江苏沿海经济发展以及"一路一带"等战略的实施，近年来连云港港吞吐量增长迅速，但由于内有日照等周边港口的激烈竞争、外有俄罗斯东方港等的强力挤压，连云港港口的国际、国内竞争优势受到一定程度的钳制。同时，连云港港口的腹地经济在发展上也相对滞后，严重制约着连云港港口规模的扩大。陇海兰新经济带沿途的 30 多个地市，超半数的城市经济发展低于全国平均水平，且货物往往通过四通八达的铁路网，被沿海其他港口分流。由于连云港港口是原材料进出口重要港口，主要以铁矿石、煤炭、钢铁、焦炭、有色矿等货物为主，与毗邻的以煤炭、矿石和集装箱为支柱货种的日照港存在激烈的同质化竞争。2016 年连云港港口货物吞吐量 2.21 亿吨，增长 4%，远低于 6.2% 的全国同期平均增速，仅为日照港的 65%，排名全国 15 位之后。2016 年集装箱吞吐量 500 万标箱，低于同期全国增速近 15 个百分点，仅为上海港的 1/7，且港口基础设施与港口发展相对宁波、烟台、青岛差距较大，与全国平均水平亦有较大距离。

（二）综合经济实力不足

地方综合经济实力是桥头堡发展的重要基础。总体而言，当前连云港的综合经济实力偏弱，对桥头堡建设的支撑不足。2016 年连云港市 GDP 为 2376.48 亿元，位居全省第 12 位，仅比宿迁高一点。与南通、徐州、

盐城的GDP相对量相比2010年均有不同程度的上升，相比淮安则下降了7.53个百分点。与宿迁市的绝对量差距则由134.79亿元缩小至25.36亿元，而相对量差距则由13.27个百分点缩小到1.07个百分点，缩小了12.2个百分点。2016年，连云港市人均GDP达到53 121元，比2015年上升近10个百分点，但是低于近7 000元的苏北平均水平，发展不充分仍然是最主要的矛盾。另外，2016年连云港市1 694家规模以上工业企业产值为6 225.87亿元，仅略高于宿迁，低于其他苏北城市。

（三）开放发展层级不高

对外开放是桥头堡经济社会发展的直接动力。当前，连云港的对内对外开放水平有待进一步提升。2016年连云港市实际利用外资与协议利用外资分别占全省总额的2.24%、3.26%，占苏北五市的17.65%和12.44%，不到苏北五市的平均数。同年，连云港市出口总额占全省总额的1.15%，占苏北总额的20.19%；完成营业额占全省0.02%，占苏北0.92%；境外投资新批项目数24个，占全省总额的2.24%，占苏北总额的25.26%；中方协议投资7.10亿美元，占全省总额的4.98%，占苏北总额的29.73%。连云港共建、共用、共享开发区的氛围没有形成，开放平台建设相对滞后，出口加工区对外开放的窗口和先导功能一直较弱，国家东中西区域合作示范区的组织机构仍不健全，沿袭徐圩新区的建制，导致示范区五大构成板块联动不够，未形成整体效应。

（四）政策体系支撑不够

完善的政策体系是打造桥头堡的重要保障。在注重协调发展、协同发展、共同发展的当今时代，各地需要制定相应的加强协同发展的政策支持体系。然而，连云港的发展战略和政策较多的还局限于自身的资源和目标，过于强调连云港港口的地方城市属性，尚未很好地形成与周边地区加强区域协同的发展态势。资料显示，宿迁市进出口货物海运约占出口货物运输量的98%，约45%货物通过上海港报关出口，约15%货物通过青岛等其他口岸报关出口，只有约40%的货物是通过连云港口岸报关出口。可见，这种封闭的发展理念既不利于拉动区域经济增长，也不利于自身发展,难以获得上级政府的政策关注。

三、连云港打造新亚欧大陆桥东方桥头堡的路径

(一)加快建设区域性国际枢纽港

打造新亚欧大陆桥东方桥头堡,首先要加快建设以连云港港为核心、以后方过境班列的铁路通道为依托的区域陆路运输网络,把连云港港建设成为区域性国际枢纽港。进一步建设完善海港、空港、高速公路等互相补充的立体化的交通体系,提高集疏运水平和资源要素集聚能力。在海铁联运、口岸联动、大陆桥运输、跨区域合作方面给予支持扶持,以港口为枢纽,统筹推进铁路、公路、水运、航空、油气管网集疏运体系建设,建设晋豫鲁铁路大通道等重大基础设施建设,提高海铁联运能力规模和等级,形成与"一带一路"紧密相连的综合立体交通运输网络和海陆交通枢纽。围绕陆桥积极策划、搞好"基础建设工程、农业综合开发工程、临港产业工程、商贸旅游服务业工程、外向带动工程"五大工程,使其成为苏北经济发展的主体和重点工程。发挥连云港桥头堡辐射、带动功能,积极开辟海上航线。按照市场经济规律,加强协调合作,取消物流贸易壁垒,优化物流发展环境,建设物流绿色通道,尽快使"新丝路经济带"成为无障碍物流区,将连云港打造成为服务"一带一路"建设的区域性物流中心,成为"一带一路"首要节点城市。

(二)加大现代产业结构调整力度

打造新亚欧大陆桥东方桥头堡,连云港需要走港产城融合发展之路,优化产业布局,完善临港产业体系,加快形成以临港产业为主导、新兴产业为引领、传统产业为支撑、现代服务业蓬勃发展的产业体系,尽快把连云港培育成带动大陆桥经济带快速发展的增长极和辐射源。一是做大做强新型工业。着力做大临港工业,立足沿海产业园区,重点布局石化、钢铁产业,加快打造现代化大型临港产业基地。优先发展石化产业,培育以大炼化为龙头的产业集群,建设世界级石化产业基地。巩固新医药产业在业内创新引领地位,加快建设国家医药创新中心,构筑国家级医药产业集

群。尽快实现新材料产业规模化发展，着力突破新技术，打造国内一流的新材料产业基地。着力打造具有较强竞争力的新能源产业研发、制造和应用示范基地。二是大力发展现代服务业。依托港口、机场等重要节点，完善现代物流服务体系，加快建设区域性国际航运中心。深入开展国家级旅游业改革创新先行区建设，大力推进资源整合、服务提升和产业融合，切实转变旅游发展方式，建成全国知名的滨海休闲旅游目的地。结合省级跨境电子商务试点城市建设，推动商贸流通业提档升级，加快培育软件信息、物联网、大数据、金融、会展等产业，着力打造区域性国际商务中心。

（三）打造国际化海港中心城市

打造新亚欧大陆桥东方桥头堡，连云港需要紧抓"一带一路"契机，加大城市宣传，打造城市品牌，大幅提升城市国际知名度，加快建设国际性海港中心城市。连云港要实现市域内从东部沿海到西部山区，从城市核心区到县城、乡镇的不间断梯度推进，实现城市体系的大型化、集群化、网络化，城市产业的高端化。以开放理念和全球化视野建设连云港，力争将连云港建设成为与全球城市体系相连相融的开放城市。连云港的城市发展要跳过"向心城市化阶段"的束缚，实现连云港城市的跨越式发展。进一步加快城乡一体化步伐，实现城乡人口、技术、资本、资源等要素进一步相互融合。此外，连云港要发挥主导作用，制定城市营销战略，要设置专门的职能机构，面向海内外大力开展城市品牌整合营销，深入挖掘连云港特色资源和西游文化，提炼具有港城特色的城市品牌，大力抓好城市形象建设，让连云港真正走向世界。

（四）拓展对内对外开放新空间

打造新亚欧大陆桥东方桥头堡，连云港需要全面拓展对内对外开放新空间，以深化开放激发强大发展动力。一是推动南北合作。积极构建并优化南北互动、"三沿"联动区域发展新格局，积极主动与青岛、日照加强联动发展，共建东方桥头堡，形成发展合力，抱团应对俄罗斯关税联盟的激烈竞争。二是推动东中西合作。发挥中哈（连云港）物流合作基地项目的多重辐射作用，深化连云港与中西部地区互动合作，完善与东陇海区域、内陆区域重点城市的协调合作机制，在更大范围内集聚要素资源，从更深层次上融入国际经济体系。三是推动国际合作。完善跨国界的合作交流机制，同"一带一路"沿线城市建立链式发展模式，强化上海合作组织物流基地特色，加强同"一带一路"沿线国家和地区的价值链连接，大力培育和引进跨国企业，建立垂直型或水平型经济关联体，搭建具有全球视野的平台和载体，积极引进全球产业发展的尖端人才。

（五）完善相关体制机制保障措施

打造新亚欧大陆桥东方桥头堡，连云港需要创新跨区域、跨国别合作体制机制，完善政策支持体系，为桥头堡建设提供坚实保障。坚持"政府引导，市场主导"模式，加强新亚欧大陆桥与"一带一路"的对接融合，完善合作协调机制，促进资金、信息、技术、商品、人才等在经济带内自由流动和优化组合，提高资源配置的经济效益和社会效益。完善国内跨区的海关、国检协调联动机制，加强铁路、口岸等部门的内外协调机制。充分发挥地方政府和行业协会的作用，强化政企联合效应，为企业拓展物流业务空间搭建服务平台。建立战略联盟、动态联合等多种形式的物流业务沟通和合作机制，促进沿线地区的经贸、口岸等合作。要站在国家战略高度，注重连云港与东陇海经济带发展实际，认真梳理国家与其他经济带建设可复制推广的经验，在规划编制上更加突出连云港自身特色，让规划适用于连云港新亚欧大陆桥东方桥头堡建设。

课题组组长：

成长春，南通大学江苏长江经济带研究院院长，教授，博导。

课题组成员：

王银银，南通大学商学院副教授；

杨凤华，南通大学江苏长江经济带研究院副院长，教授。

协同推进江苏长江经济带生态环境修复

2018年4月26日下午，习近平总书记在武汉主持召开深入推动长江经济带发展座谈会指出，推动长江经济带发展，要把修复长江生态环境摆在压倒性位置，以长江经济带发展推动高质量发展。这标志着长江经济带发展已经从原来的"大保护"进入了"大修复"的新发展阶段，长江经济带绿色发展的主要任务已经从主要强调污染不增加、生态不恶化，到全面解决长江生态环境透支问题，实质性提升长江经济带生态环境质量和水平。

地处长江下游江苏段的江苏长江经济带人口密度与产业密度高，生态环境相对脆弱，随着近年经济社会持续快速发展，生态环境保护和经济发展的矛盾日益严重。全省目前2/3重化工产能集聚在沿江两岸，分布着700多家化工企业，沿江8市废水排放总量占到全省的74.4%。110多个化工码头，年过境危化品运输量超过2亿吨，占整个长江经济带11省市的75%，环境压力非常明显。

另一方面，长江直接或间接提供江苏省80%左右的生活用水，排污口和取水口犬牙交错，一旦长江发生任何环境事故，都将对整个江苏民生保障带来极大威胁。

近年江苏在长江经济带生态修复方面进行了大量制度创新探索和尝试，率先建立了比较完善的红线管控制度，率先形成了比较系统的环境经济政策，率先探索建立了考虑生态因素的地方政府政绩评价体系，有力遏制了江苏沿江生态环境恶化的态势，但是尚没有实现长江生态环境根本好转的压倒性胜利。江苏长江经济带会议提出扬子江城市群打造长江经济带示范性"绿色城市群，关键是要加强改革创新战略统筹规划引导，树立流域生态共同体新理念,共谋绿色发展,共享环境生态信息,共同治理和修复长江生态环境问题,构建具有江苏特色、具有示范引领效应的"共抓大保护"绿色治理新体系。

一是要建立统筹协调治理体系。成立扬子江城市群生态环境委员会,研究建立生态修复、环境保护、危机应对的统一行为规则,建立省级统筹、八市协调联动、县区乡落实的绿色治理体制机制,通过协商统一部署和推进空间规划、基础设施、生态项目、环境保护等方面的绿色合作;完善跨部门、跨区域、跨行政层级的污染联防联控体系、信息共享体系和预警应急体系,签订区域污染联防联控协议,建立协调机构和机制;建立以排污许可为核心的一体化监管体系。以排污许可为核心,以质量约束、总量减排为导向,把各地的建设项目环评、总量控制、排污权交易、排污收费、网格化监管、双随机、绩效评价等事中事后监管制度整合起来,构建一套系统完整、权责清晰、高效协同的纵向监管体系。

二是健全统一红线管控制度。要按照"守红线,留空白"的原则,从沿江地区发展现状出发,进行统一系统梳理,调整优化生态红线保护规划,建立生态红线保护地理信息系统,逐渐扩大生态红线保护区域;强化红线管控制度的激励约束功能。以生态垂直监管改革为抓手,探索实施红线区域产业准入的"白名单"和"黑名单"制度,建立沿江生态红线区域管理绩效评价体系,定期开展第三方评估,对于保护不力的地区,则按照规定核减补偿资金,并追究责任。同时逐步加大对恪守生态红线地区财政转移支付力度,充分调动地方守好生态红线的积极性。

三是要探索全域的排污权交易机制。建立扬子江城市群排污权有偿使用制度。通过总量控制、配额分配试点,逐步建立沿江八市排污权有偿使用收费,建设和完善排污权交易平台,完善用能权、排污权交易制度,结合高耗能行业新增产能能耗必须等量或者减量置换的约束性条件,探索建立能源消耗总量管理下的固定资产投资用能权审批制度。培育环境治理和生态保护的市场主体,充分调动民间资本参与生态环境治理的积极性,通过政府购买服务或者PPP方式,支持第三方治理。三是探索扬子江城市群

水质补偿机制。对沿江各市进行断面和取水口监测，如果出境水质差于入境水质，则扣罚当地生态基金用于补偿下游治污，同时对治理良好的地区进行奖励性补偿。

四是要实施网络化环境监管执法。要加强环境执法队伍能力建设。以环保工作垂直管理改革为契机，建立高效顺畅的指挥、监督、执行体系，规范环保执法行为，大力提升环境监管和执法能力。要构建网络化监管体系。各地环境监管队伍按照属地重点监管和非属地一般监管，构建全面覆盖的网络化环境监管体系。将流域作为整体管理单元，统筹上下游左右岸，理顺权责，优化环境监管和行政执法职能配置。要统一监管执法标准。实现流域环境监管统一规划、统一标准、统一监测、统一程序，提高环境监管整体成效。

(作者：陈长江，南通大学江苏长江经济带研究院副研究员，博士)

江苏破解"化工围江"问题的对策建议

摘　要　江苏是长江经济带发展基础最好、综合竞争力最强的地区之一，贡献了地区生产总值的近四分之一。但是由于过去的粗放式发展以及滨江临海的区位特征，沿江地区集聚了大量化工企业，污染治理形势严峻且挑战性强。虽然近年来治理化工污染工作取得了初步成效，但对照中央要求，对照人民群众期待，仍有较大差距。今后，应以破解"化工围江"问题为突破口，探索具有江苏特色的绿色发展之路，推动长江经济带高质量发展。

党中央对长江经济带"化工围江"问题高度重视。2016年1月5日，习近平总书记提出"要把修复长江生态环境摆在压倒性位置，共抓大保护，不搞大开发"。2018年4月24日，习近平总书记前往湖北省考察的第一站就是化工企业。他在考察时指出："要下决心把长江沿岸有污染的企业都搬出去，企业搬迁要做到人清、设备清、垃圾清、土地清，彻底根除长江污染隐患。"

江苏是经济大省，以5.2%的国土面积、13.6%的人口，创造了23%的地区生产总值。江苏也是化工大省，以主营业务收入计算，江苏省化工产业经济总量占工业经济总量的13.3%和全国石化行业总量的15.4%，居全国第二位；现有的53个化工园区中，有7家入选2018年中国石化联合会评选出的中国化工园区30强，数量居全国首位。但从总体来看，江苏省化工产业结构"偏资偏重"，产业层次不高，化工企业入园率偏低

(38%），污染整治与环境修复压力巨大。今后，必须拿出壮士断腕的决心和久久为功的定力，破"化工围江"，治"长江病痛"，全力修复长江生态环境，建设沿江绿色生态廊道，打造有机融合的绿色高效经济体，系统推进长江经济带高质量发展。

一、破解"化工围江"形势依然严峻

（一）整治化工污染刻不容缓

江苏省虽然化工污染治理力度较大，但成效不充分，"化工围江"问题尤为突出。长江干线航道长达2 800多公里，而江苏段就占了其15%。沿江地区一直是全省经济的"发动机"，沿江八市经济总量占全省八成，进出口占九成，产业、城镇、人口高度密集。与此同时，全省约2/3的化工产能集中在沿江地区，沿江八市二氧化硫排放量、化学需氧量和氨氮排放量分别为全国平均水平的5.9倍、6.4倍和6.7倍。同时，沿江八市废水排放总量、化学需氧量和氨氮排放总量分别占全省的74.44%、48.9%和55.8%。部分支流污染严重，生物多样性受到损害，环境风险隐患突出。从水环境情况来看，江苏省80%的生产生活用水源于长江。但是，江苏省长江干流10个监测断面水质全部由2010年的Ⅱ类水降为Ⅲ类水，2018年一季度，45个入江支流断面水质劣Ⅴ类比例同比上升了10.7个百分点。化工污染成为长江污染的罪魁祸首，整治化工污染、修复生态环境、推动转型已成为一项非常紧迫的任务。

（二）整治化工污染工作力度亟待加强

2017年，全省上下深入开展"263"减少化工企业和化工企业"四个一批"专项行动，化工企业关停1 421家、转移16家、升级461家、重组99家。同时，系列涉化整治行动稳步推进。2018年以来，省环保厅组织了10多项全省环保专项执法行动，严厉打击超标排污和偷排漏排等违法行为，其中三个涉及长江经济带化工整治。但在工作力度上，与湖北省相比仍有一定差距。湖北省自2017年起，对长江沿岸坚决实行"一迁两禁一停"：对沿岸1公里范围内的重化工及造纸企业全部实行搬迁入园；禁止审批长江 1 公里范围内的重化工及造纸行业项目；禁止审批没有环境容量和总量的建设项目；对距离长江岸线超过 1 公里、不足 15 公里的重化工及造纸行业建设项目环评一律暂停审批。同时，大力持续开展长江污染整治"雷霆行动"，坚决依法关停污染企业，关停取缔长江干线 367 个、汉江 204 个非法码头，清退岸线 60 余公里。拆除围栏围网和网箱养殖 127.54 万亩。全省划定禁养区 2 141 个，禁养区内 4 764 个养殖场完成搬迁或关闭。近两年，总书记批示中数次点名江苏沿江化工问题，有些尚未得到整改，中央有关部委对江苏化工围江形势表示担忧。此外，沿线人民群众对生态环境要求不断提高，环保维权意识不断增强，仅新华日报就曾用 276 个版面回应群众来信来访 3 909 件。这说明，江苏的化工污染整治工作，与中央的要求和人民群众的期待相比，还有一定距离。江苏沿江化工整治工作的进展之所以不尽如人意，主要原因有：第一，江苏化工产业体量大，治污难度也相对较高；第二，宣传力度不够，与中央主管部门主动沟通偏少；第三，化工园区数量不足，入园难与园区建设标准化难并存，固体废物监管机制不健全，危险废物处置能力不足，实际处置量仅是需要处理量的 45.7%（2017 年），突出类别危险废物处置难；第四，治理和建设关系需进一步理顺，如何制定具有前瞻性的规划，如何从"管眼前"走向"管长远"等问题亟待进一步深入思考；第五，部分地方政府和基层干部对党中央"将生态保护放在压倒一切的位置"这一决策认识不足，对整治化工污染与实现高质量发展的一致性认识不足。

二、破解"化工围江"问题需多管齐下

新形势下，以"生态优先，绿色发展"理念为引领，加快推进水污染治理、水生态修复和水资源保护"三水共治"，推动化工产业从粗放式发展向创新、绿色和高质量发展转变，是江苏省化工行业的重点任务，是推动化工产业调结构、转方式、迈向全球价值链中高端的重要途径，也是建设现代化经济体系的必然要求。

（一）强化整治化工污染的思想自觉

一是各级干部要提高政治站位。必须认识上"一条心"，行动上"一盘棋"，牢固树立新发展理念，把思想和行动统一到习近平总书记关于推动长江经济带建设的两次座谈会精神上来、统一到习总书记关于加快整治污染的深刻论述上来，统一到习总书记提出的建设"强富美高"新江苏的重要指示上来，坚决摒弃以GDP为中心的竞赛模式，坚定不移走生态优先、绿色发展之路。通过组织各类学习培训，强化各级干部以及化工企业主对治污工作的思想自觉和行动自觉，以破解"化工围江"为抓手，自觉扛起推动江苏长江经济带建设高质量发展的历史责任。

二是坚持正面宣传和负面曝光相结合。主流媒体应针对化工污染问题，通过设立曝光台等形式，深度报道化工污染相关问题，形成警示效应。同时，更要加大正面宣传力度，借鉴中宣部"大江奔流"长江经济带主题宣传活动模式，开展"化工治理沿江行"等专题宣传活动，宣传治污典型经验，加强正面舆论引导，形成全社会理解、关心、支持治污工作的良好氛围，形成把治污工作不断引向深入的合力。建立信息专报制度，定期向国家长江办、生态资源部等中央部委报送化工治污信息，争取上级主管部门对治污工作的支持和帮助。

三是将生态建设纳入政府政绩考核。应将生态环境建设和污染物减排列入各地领导班子和领导干部实绩考核体系，加大考核权重，全面落实生态环境审计，实施严格奖惩。对工作责任落实不到位的，采取通报预警、环评限批、挂牌督办、约谈有关政府领导和部门负责人等措施，督促整改落实。对因工作不力、履职缺位等导致污染进一步恶化的，应依法依纪追究有关单位和人员责任，以此倒逼江苏省化工行业质量变革、效率变革、动力变革。

（二）突出规划的引领作用

一是抓建设与抓整治要有机结合。坚持规划先行，统筹考虑沿江生态环境承载力和运输系统承载力，根据规划对长江两岸化工产业的发展布局进行整顿、规范和优化。调整产业结构，开拓化工新材料、专用化学品、高端装备制造、新能源、节能环保、信息生物等高端市场。通过循环经济助推、龙头企业引领、资源抱团发力，探索一条资源消耗少、技术含量高、质量效益好的"化工产业绿色转型路线"。同时，要制定化工企业绿色转型规划，鼓励企业借鉴九江石化打造智能工厂和开发环保地图等成功经验，围绕《中国制造2025》战略，以突破关键核心技术为主攻方向，推进两化融合，加强环境风险源分布梳理与管理，提升环保管理水平和应急处置能力。

二是坚持区域协调和江海联动。借鉴莱茵河流域"恢复完整的流域生态系统"以及日本"琵琶湖治污"等国外成功经验，实施"沿江化工污染和长江口沿海化工污染同步整治、长江经济带点源污染和面源污染同步控制、化工围江和其他污染围江同步治理、支流入江口和入江支流同步管控"。实施综合统一管理，按照"两带两极"的总体空间布局方案，统筹布局沿江沿海化工企业，打造两带两极间产业差异化、科学化、协同化发展格局，推进沿海石化产业带高端化和沿江石化产业带转型升级。

三是制定实施水生态规划和水生物规划。生产岸线必须让位于生活岸线和生态岸线，突出长江水体化学、物理、生物的完整性，按照水安全、水环境、水景观、水文化、水经济五位一体的模式，提高水生态建设，保护水生态环境，维护水生物多样性。借鉴安徽省江豚保护经验，对江苏长江段和太湖等水体生物多样性展开调查。借鉴鄱阳湖和滇池经验，在太湖地区实施更严格的排放限值。"还债"治污是标，绿色发展才是本。要"通过立规矩，倒逼化工产业转型升级"，推进化工产业清洁生产和循环化改造。

(三) 坚持打好铁腕治污组合拳

一是实施更严格的专项治理行动。落实最严格的管理制度，严格"三线一单"编制。针对江苏省部分"农药、医药、染料中间体"企业管理不到位以及部分化工产品同质化低端化、产业布局不合理、安全环保问题突出等问题，遵循"就高不就低"的原则，提高化工污染排放标准，严守环保底线，坚持四个"不批"，坚决淘汰落后产能，坚决整治"散乱污"

化工企业。对沿江八市提出削减污染排放指标和污染物削减时间表,对不同污染程度企业列出解决问题的路线图和时间表。坚持沿江一公里不再新上化工设备,必须搬迁的化工企业做到"四清"。同时,推广自动观测点与手动观测相结合的观察模式。

二是制订"龙头企业江迁海计划"。坚持企业搬迁与提升竞争力相结合,引导企业通过技术创新实现产品和技术的升级换代,做到清洁生产和安全生产。坚持企业搬迁与保持企业稳定、社会和谐相结合,做好相关各个层面的思想工作,帮助解决人员安置等实际困难,减少搬迁阻力和不利影响,营造"全民支持、全民参与"搬迁改造的良好氛围。坚持企业搬迁与环境修复相结合,对已关停搬迁尚未开发的 2 097 个化工遗留地块,开展信息采集、风险筛查等工作,并全面实施治理修复。不仅对重点项目实施治理修复,同时要建立金融、财税等激励机制,不断提高包括土壤修复、地下水修复和水体修复在内的各类环境修复的综合效益。

三是完善体制机制。可考虑建立沿江八市化解"化工围江"联席会议机制,推动各地就化工污染和生态破坏进行联防联治。探索建立省际协商合作机制,磋商解决跨区域基础设施、流域管理、环保联防联控等问题。在市场化机制方面,打造多方合作的多层次绿色金融平台,借鉴武汉碳交易中心经验,探索建立绿色生态技术交易市场以及用水权、排污权、碳排放权交易市场等,解决化工企业绿色转型以及环境修复面临的资金瓶颈。同时,要完善正向激励机制,对研发应用先进治污技术、环境信用良好的企业实施差别化扶持政策。加强对市县生态环境建设方面的考核,突出"化工围江"相关内容的跟踪监督。

(四)加快化工园区绿色化步伐

一是实行"化工园区专项建设计划"。汲取新加坡裕廊岛化工园区将"化工"与"诗意城市"融为一体的成功经验,按照"系统化治理、绿色化转型、生态化修复、集成化保护"的原则,加快化工园区标准化建设行动,确保化工企业入园达到建设标准化、排放达标化。通过严格考核、限期整改、区域限批、园区退出等措施,倒逼化工园区完善环保基础设施建设,提高"污染物收集与处置、能源清洁化利用和生态环境监测监控"等治污能力,实现治污系统化、标准化和现代化,建设"无泄漏、无异味"化工园区。编制危废集中处置设施建设规划,加大处置设施投入,大力提升全省危废集中处置能力。

二是以化工园区为载体打造绿色化工产业集群。沿江化工园区要依托现有产业基础、市场基础、装备技术和人才优势,在产业发展方向、区域间分工协作等方面进行有效整合和科学定位,形成特色优势产业集聚。要以龙头企业为引领,带动全产业链联动发展,可推广位于张家港扬子江国际化工园区的陶氏化学公司和瓦克公司相互开展合作、将产生的三废相互作为对方产品原材料的成功经验,推进有效循环利用,实现节本增效。

三是全面实施化工园区(集中区)风险评估和常态化预警。开展沿江、沿河、沿湖、沿海化工企业、化学品储运场所及危险化学品港口码头的安全风险评估及隐患整治,健全区域危险化学品行业风险联动联控机制。实施园区治污公共服务体系建设,加快推进化工园区危险化学品重大危险源在线监控及事故预警系统建设,在化工企业周围构建缓冲带,加强单个企业排污的监测和定位,做好园区集中排污断面监督,努力实现循环经济与零排放。

(五)提高化工污染治理专业化水平

一是"倡导化工问题化工人治理"的理念。解铃还须系铃人,解决化工污染问题,本质上也是一个典型的化工过程,因此,要落实化工企业在化工污染治理的主体地位。要提高环境服务专业化水平,努力实现环境监测、污水垃圾处理、环境事故应急处理专业化。

二是鼓励企业提升治污技术水平。鼓励企业参与国家重大污染治理专项课题,提高其治污技术研发能力。此外,国外工业污染治理经历的时期较长,技术也相对成熟,可抓住"一带一路"倡议机遇,加快工业污染治理方面的跨境合作,通过并购国外具有专项环保技术的公司,获得专有技术,快速提升技术水平。

三是推广第三方治理模式。坚持市场化运作和政府引导推动相结合,

尊重企业主体地位，创新投融资机制，吸引社会资本进入，积极培育可持续的商业模式，借鉴"上海化学工业区联合异氰酸酯项目的危险废物管理服务"模式，引导鼓励排污单位按照专业、经济、高效的原则开展第三方治理业务。借鉴贵州省的经验，完善第三方治理市场，健全市场管理机制，完善第三方运营维护责任义务机制，提高运营维护水平和监督监控效率，帮助企业采用专业化治理降低治理成本，提高达标排放率，同时帮助政府降低执法成本。

（作者：成长春，智库首席专家、南通大学江苏长江经济带研究院院长，南通大学原党委书记；冯俊，南通大学江苏长江经济带研究院副研究员）

建设综合立体交通体系，大力发展枢纽经济

2018年5月2日，江苏省委书记娄勤俭率沿江八市市委书记，就深入落实长江经济带发展战略进行调研时强调，要大力发展枢纽经济，做强、做大现代服务业。发展枢纽经济意味着人流、物流、信息流的充分交换，必然需要网络化、标准化、智能化的水运、铁路、公路、航空、管道、互联网六位一体的综合立体交通做支撑。

"十二五"期间，江苏综合立体交通体系建设取得较大进展。目前，高速公路营运里程4 688公里，基本实现"县县通高速"；高速铁路加速推进，高铁里程846公里，列全国第11位，已经有7个设区市进入南京1.5小时时域圈；江海航运取得突破性进展，建成南京以下320多公里的－12.5米深水航道，实现江港向海港的转变、航运物流效率与效益双提升；枢纽与支线机场布局日趋合理，航空运输量显著增加，空港经济发展迅速。

但总体而言，江苏综合立体交通体系仍然存在短板。首先，江海航运物流占比大，但航运主枢纽港建设严重滞后，航运力量分散，沿江生态安全堪忧；其次，江苏铁路尤其是高铁发展水平与经济发展水平极不匹配，每百万人口平均拥有铁路营业里程35公里，列全国第30位，与第二经济大省、人均GDP前四的经济发展水平极不相称，且南北直达高速铁路建设仍有缺憾，跨江通道建设滞后，不利于跨江融合发展；再次，综合交通枢纽建设严重滞后，多式联运、无缝对接仍有短板；最后，信息通信基础设施建设和基于物联网、互联网的物流服务平台、金融平台建设有待进一步加强。未来江苏综合立体交通体系建设，迫切需要在以下五个方面优化提升。

一、强力推进沿江港口整合，重塑江海航运新格局

首先，优化长江岸线资源配置，推进省内港口协同发展。贯彻落实习近平总书记长江经济带建设"共抓大保护，不搞大开发"的指示，继续强力推进长江岸线资源集约利用，以系统化思维细化港口功能定位，扎实推进省内港口协同发展。

其次，加快构建省内港口协同发展的顶层设计和体制机制，形成功能互补、良性竞争的全省港口"一盘棋"格局。加快建设"南京—苏州"双枢纽港，提升其作为上海国际航运中心北翼门户港的话语权和国际影响力。充分利用-12.5米深水航道建成、南京成为最靠近中西部海港的契机，推动宁镇扬三港互联互通，形成下游与中上游的江海联运、运河和长江联运的新节点，做大、做强南京区域性航运物流中心；推进苏州太仓港区、南通通海港区集装箱业务合作，主动对接、融入上海港，以集装箱近远洋干线和大宗物资海运直达为特色，做好中转上海、分流上海大文章。

再次，继续加强江苏内河航道建设，实现由水运大省向水运强省的跨越。优化省内京杭运河、内河航道整治和码头建设，提升千吨级航道通达县级及以上城市的数量，打造通江达海、干线成网、省际互联的高等级内河航道网；适时推进小庙洪—吕四港—通州湾—通枿线运河—通扬复线建设，提升航道等级，打造长江口深水航道分流、江海直达新通道，提升长江口深水航道航运安全和效率；推进北翼江苏港群与上海港、安徽港群、宁波舟山港的强强联合，尤其是加快沿江航运枢纽集疏运体系建设，形成水公铁无缝对接、多式联运格局，提升港航物流效率与效益，推动"江海联运"迈上新台阶。

二、立足连云港区位与港口优势，全力打造亚欧陆海联运枢纽港

立足连云港"一带一路"建设支点区位优势和亚欧大陆桥头堡及深水

港优势，依托连云港—霍尔果斯新亚欧陆海联运通道，聚焦提升"一带一路"沿线国家和地区的物流效益和效率，着力推进基础设施互联互通，加快多式联运集疏运体系和通道建设。建设更多与上合组织国际物流园、中哈（连云港）物流合作基地等类似的跨国物流平台和"一带一路"合作示范项目，进一步提升连云港服务"一带一路"沿线国家和地区的能力和水平，提升陆海联运贸易枢纽港地位。积极申报设立自贸区、自由港，加快对接上海自贸区，高标准实施对外开放和通关贸易自由化，优化连云港对内对外双向服务功能，大力推进江苏"一带一路"交会点建设，提升江苏引领东西双向开放的水平。

三、加快推进快速交通体系建设，形成内畅外联新格局

以优路网、强枢纽为建设目标，扎实推进省内高速铁路建设。深入推进徐宿淮盐、连淮扬镇、连盐、沪通铁路等高铁线路建设，全面建成"三纵四横"快速铁路网，并抓住高铁大发展的战略契机，在现有高铁项目间，科学布设联络线，优化路网布局，密织苏锡常与江北直达网络，确保实现以轨道交通为支撑的"1.5小时江苏"快速交通圈。

继续完善空港建设，做大、做强空港经济。完善禄口、硕放2个枢纽机场和7个支线机场的"7+2"机场布局，积极拓展洲际远程航线，加快机场国际化进程，不断提升航空运输量。继续做好南通兴东机场扩容升级工作，主动对接、服务上海国际航空港建设。

四、聚焦互联互通，打造区域综合立体交通枢纽

加快南京、无锡、徐州、连云港等全国性枢纽和苏州、南通、淮安等区域性枢纽建设，强化综合交通枢纽的集聚和带动作用，对外切实加强江苏与上海、安徽、浙江在高速公路、跨江通道、机场建设、江海联运、港口集疏运体系等领域对接，互联共享；对内借鉴发达国家综合交通枢纽建设经验，建设集高速铁路、长途列车、城际、地铁、电车、巴士、出租、自行车等多种运输方式和运输服务功能于一体的大型综合立体化的换乘中

心,实现客运换乘"零距离"、物流衔接"无缝化"、运输服务"一体化"的目标。

五、深化交通领域改革创新,发展智慧交通新业态

深化江苏交通领域"放管服"改革,开展行政权力审批事项清理工作,划清政府与市场界线,聚焦做强、做优"互联网+综合交通"服务;扎实推进"江苏交通一卡通",实现全省城市间公交、地铁、有轨电车、公共自行车、轮渡、出租车一卡通"互通全领域"。推进"互联网+"邮政快递加快发展,拓展服务网络、惠及范围,率先实现乡镇快递网点覆盖率达到100%,打通农村物流"最后一公里";加快推动高速公路ETC应用和水上ETC发展,推进畅行江苏建设。

加快信息通信基础设施建设,做大、做强智慧交通服务平台、互联网物流服务平台。加强广电网络基础设施建设,实现光纤宽带网络和4G无线网络城乡全覆盖,城镇和农村家庭宽带达到1G接入能力,建成一批涵盖经济社会发展重点领域的大数据中心和物联网应用平台。加快国家广电骨干网江苏核心枢纽和下一代广电网络建设,加大南京国家级互联网骨干直联点和本地互联带宽扩容力度,同时,大力推进提速降费,不断降低各行业利用互联网的成本。

深化与京东、阿里巴巴等互联网企业合作,打造集聚信息流、资金流、人流等经济流的新枢纽。以宿迁京东客服中心、京东众创宿迁电商服务产业基地建设为契机,进一步深化与京东的合作,积极推动总部、电子商务、物流分拨中心、贸易结算中心等产业性平台建设,主动引流、驻流、分流,打造信息流、资金流、物流、人才流、技术流等经济流的进出门户、枢纽,赋能江苏现代服务业,助力江苏枢纽经济迈上新台阶。

(作者:陈为忠,南通大学地理科学学院副教授,南通大学江苏长江经济带研究院兼职研究员)

推动江苏协同发展产业体系建设

党的十九大报告中明确提出,建设实体经济、科技创新、现代金融、人力资源协同发展的产业体系,是现代化经济体系中的一个重要子目标或子集合,也是高质量发展的原动力所在。江苏从制造业起步,以实体经济见长,但近年来在高级生产要素投入质量和服务效率方面的比较优势并不明显。在新时代,江苏若能在协同发展产业体系建设方面先行一步、先发一招,实现产业高层次与发展高质量齐头并进、互动互促,将为江苏实现高质量发展走在全国前列树立"鲜活样板"。

目前,江苏建设协同发展产业体系存在以下短板。

一是科技创新对实体经济的支撑作用不足。多数制造业并没有进入产业成熟阶段,许多核心技术还受制于人。目前,江苏虽然已有一定数量的知名企业和隐形(单打)冠军,但总体而言,汗水经济较多,智慧经济较少,独角兽企业更少。科技创新的知识外溢效应不显著。很多科技创新主要不是为实体经济服务的,而是陷入自我循环。真正对"产业转型升级""重点项目培育"的引领带动作用比较有限,科技创新对相关"种子产业"的培育也是浅尝辄止,如常州"石墨烯"、苏州"纳米材料"等产业还是偏少。江苏已有的一些创新平台(载体)与实体经济的契合度不高,柔性化服务能力、集成嫁接能力不足。同时,相关产业数据平台的建设也显得滞后,跨行业的制造业联合创新中心还寥寥无几,一些有条件企业的"两化融合"工作也未能强有力推进。虽然科技创新资金投入总量有所增加,但政府更热衷于"多面出击、多面开花",在相关资金投入与使用、服务配套等方面的精准性、持续性不够,导致江苏在科技创新政策方面的竞争力已大不如前。

二是现代金融与实体经济发展相互脱节。实体经济的整体投资回报率普遍不高,导致实体经济的资金吸附能力大打折扣,使得实体经济产业链宽度不足,影响产业内生的调整能力和创新能力。而现代金融业的发展更多地以自我为中心、以利润为导向,也缺乏深厚的实体根基。融资难、融资贵无法有效破题,其根源在于金融产品供给与实体经济需求间的供需错配。现有的很多金融产品只是锦上添花,很难真正做到雪中送炭,而且金融普惠程度、深化程度不高。针对广大中小(民营)企业融资的相关政策利好也是雷声大、雨点小。各类产业扶持资金在力度、幅度、速度以及导向性、持续性和针对性上还远远不够,特别是在引导社会资本投向重点产业方面有些滞后,PPP等股权融资杠杆效应有待放大。现有的各类产业扶持基金大都偏好于大企业,部分企业家对此也存在片面理解,主动争取意识不强。

三是人力资源对实体经济发展形成掣肘。江苏现有的人才政策体系和引才机制缺乏比较优势。各类高层次人才引进计划相对于青年人才而言,一方面在学历、资历等入门条件上门槛较高,另一方面在政策兑现、配套服务等方面环节较多、落实效率不高。再加上周边发达省市的虹吸效应,也间接导致了一些高层次项目很难真正落地。目前,江苏在产业领军人才、高水平技术研发人才引进方面力度很大,但高薪引进模式不可能解决全产业链的人才匹配问题,尤其是在产业链中后端人才(团队)的本土化培育方面效果不明显(高级技工与营销队伍)。很多企业在自身吸引力、竞争力打造以及个性化激励机制探索方面收效甚微。出于惯性思维和眼前利益考虑,往往有些项目一落地,政府就马上要求有利税贡献,对企业家的创新创业缺乏动态眼光与战略考量。对实体企业的"紧箍咒"也较多,一些政策利好大都只停留在纸面上,企业家在想干事、干成事的时候往往面临较高的制度成本。

江苏建设协同发展产业体系的重点与突破路径有:

提高科技创新能力,向实体经济上游拓展产业链长度,为实体经济注入更多的创新元素。切忌"空谈式"或"被动式"创新,要能重新审视企业自身比较优势及新动能成长，善于"借力"与"发力"，学会嫁接特色。延伸产业链在创新环节的长度，并有针对性地对产业链的核心环节进行科创资金扶持和人才政策倾斜。以重点产业项目为引领，深入开展本地龙头企业创新发展试点计划，加快创新资源与创新政策向这类企业集聚。同时，以新技术研发、新业态培育、新模式创造为方向，推动跨行业合作和股权兼并，壮大以高新技术企业为骨干的创新集群。鼓励大中型企业和规模以上高新技术企业建设高水平研发机构（跨地区、跨行业联合），实现大中型工业企业和规模以上高新技术企业研发机构全覆盖，并以产业数据平台的共建共享来进一步优化创新平台（载体）的空间布局。通过"多方共建、多元投入、混合所有、团队为主"的运行新机制打造具有区域影响力的公共研发平台，专注于技术孵化及其产业推广，这也为一些无力建设研发中心的成长型企业的创新提供了无限可能。

引导金融"活水"流向实体经济，提升金融服务的效率和水平，进一步拓展实体经济产业链宽度。坚持靶向递送，把解决实体经济融资难、融资贵问题作为深化金融改革的出发点和落脚点。金融机构应针对实体经济生命周期不同阶段的融资偏好，设计出一些可操作、可持续、可管控的金融产品。各界也要鼓励本土企业善于科学灵活地使用直接融资方式，让实体经济能更多地分享资本市场发展红利。发展普惠金融，加大对小微企业的金融支持。政府在这方面要有实质性利好，而不只是"洒洒花露水"。诸如在信用评价体系、担保体系、抵押贷款等方面要能打通金融活水流向小微企业的"最后一公里"。同时，应积极发挥各类产业投资基金的撬动作用，逐步完善产业链金融服务。强化服务意识，整合现有资源，从深度和广度上提升服务水平。现阶段，应重点围绕重点行业导向，对产业链各环节发展供应链金融，特别是对一些国家支持的重大项目，智能化、绿色化、两化融合技改类项目要加大支持力度，进行跟踪服务，并在贷款额度、期限及利率等方面予以倾斜。

转变思路、内培外引，构建良好的人才生态系统，加强实体经济产业链广度。遵循"刚性引进"与"柔性引进"并举的原则，尽快培育和引

进一批高端产业创新人才（尤其是重大项目投运的高管，注重团队形式或整体解决方案），对于顶尖人才领衔的重大项目应给予有吸引力并能及时兑现的资助及配套。应深切关注高级技工的尽早培养与快速提升问题（借鉴欧美等国的"师带徒"形式）。同时，也要量体裁衣构建灵活激励机制，让优秀工匠充分享受有尊严的社会生活，而不仅仅是给钱给物。还有，政府必须给予企业家更多的信任和关怀，给企业家放权解绑，降低试错成本，理性看待企业家创新创业的成与败，创造条件为企业搭建一些创新转型的"试验田""样板房"，使他们对持续创新形成稳定而又良好的预期。

（作者：成长春，南通大学江苏长江经济带研究院院长，智库首席专家，教授；陈晓峰，南通大学江苏长江经济带研究院兼职研究员）

加快培育世界级先进制造业集群，积极拓展江苏高质量发展新空间

2018年4月26日，习近平总书记在深入推动长江经济带发展座谈会上，围绕新形势下推动长江经济带发展做出一系列重大战略部署，这充分体现了对进入新时代的中国经济如何转向高质量发展的全局性、长期性、战略性考量。对江苏而言，沿江地区一直是全省经济的"发动机"，要能高质量发展走在全国前列，沿江地区如何处理好保护与发展的关系，率先探索生态优先、绿色发展之路，是一道难度系数颇高的必答题。5月30日，江苏省长江经济带发展工作推进会在宁举行，对江苏省深入推进长江经济带高质量发展做出专题部署。其中，在产业发展与转型升级方面的普遍共识已经形成，而加快培育以智能制造为标志的世界级先进产业集群以及与之相深度融合的现代服务业集群是主攻方向之一，这既是江苏省立足基础、发挥优势、主动担当、创新引领的不二选择，也是聚焦产业新旧动能转换并进一步夯实高质量发展之产业基础的核心要义所在。

江苏作为民族工业的发祥地，从制造业起步，以实体经济见长，制造业总产值约占全国的1/8、全球的3%左右，其中先进制造业占比接近50%，八大主要行业长期在国内同行业中处于第一方阵，六个行业产值过万亿。但诸如，产品附加值和品牌影响力低、核心竞争力和自主创新能力弱、高端要素集聚与辐射能力一般、全球价值链塑造及功能性跃迁后劲不足等问题也都始终无法回避，江苏制造业确实已到了"爬坡过坎"的紧要关头。世界级先进制造业集群是按照产业专业化分工要求组建的目标一致、互惠互融、彼此衔接的先进制造业网络，并能在全世界范围内占据先进制造业的产业高地。目前，江苏在培育世界级先进制造业集群方面的相

关工作仍处于认识深化与起步摸索阶段,在这一阶段一定要能跳出已有的条条框框,打破行政分割与制度藩篱,展现理念创新和行动自觉,凝聚共识、轻装上阵、系统谋划、协同推进,全力实现创新突破与国际同步、智能制造与国际对标、产品质量与国际比肩,进而在培育世界级先进制造业集群的大局上"先行一步、先发一招",尽力做出"江苏示范"、全面展现"江苏高度"。

第一,深化先进制造业集群的本质内涵与目标定位,培育世界一流的行业领军企业。当前,智能化/生态化转型可能是江苏省先进制造业占领"智高点"并实现"弯道超车"的最有效捷径。立足于区域特色,树立技术先进性、产业先进性与管理先进性的全球综合标杆意识,突出精细化、智能化与绿色化的发展模式,尽快确立世界级先进制造业集群的选择标准和重点领域,并以"大项目引进、大项目带动、大服务支撑"推动集群向"高、大、优"迅速成长;同时,注重企业结盟,加强行业龙头骨干企业的引领辐射作用,通过龙头企业在重点链条上选择具有集聚化的产业节点,带动上下游关联产业增加技术共享、产品配套的可能性,进一步拓宽、延长与联动产业链(以产业链集聚模式实现全产业链协同发展)。并以战略眼光和全球视野着力于培育一批世界级企业,提升企业在国际资源配置中的主导地位和全球行业发展中的引领作用,增强企业在全球产业发展中的话语权。

第二,协调先进制造业集群的空间布局与产业关联,优化集群网络结构。针对目前江苏现有的各类园区星罗棋布、乱而不强且抓手太多的不利局面,在先进制造业集群的空间布局上,应以先进制造业集群的国际竞争力为切入点,以人才、核心共性技术为突破口,以市场为主导,从省级层面进一步统筹协调并优化先进制造业集群的空间布局与产业关联。在广域空间上应紧密结合江苏区域整体发展新战略,尽快形成以原有集群为基点,以"1+3"重点功能区为主轴线,重点依托扬子江城市群战略新载体,大力推进沿江8市制造业融合发展,着力解决各类制造业集群数量较多、运行质量不高、同质化竞争现象突出的问题(各类园区/基地之间的跨业与跨界协同）。此外，在固本培元的基础上也要善于集成嫁接关联资源，挖掘外部通道。诸如，积极牵头与长江经济带沿江其他省市联合组建大型工业技术创新项目联合体，重点对电子信息、生命科学、新能源、新材料等高技术产业的重大共性技术和关键技术环节开展合作创新与联合攻关。

第三，构建良好的创新生态体系，使各类开发区成为高质量发展的前沿阵地。首先，开发区制造业向先进制造业集聚地转型升级，不能单兵突进、顾此失彼，尤其是实现与现代服务业特别是高端生产性服务业的协调发展（提升关联性和耦合性）。其次，通过高水平开放集聚全球高端要素，建成创新驱动和绿色集约发展的示范区（逐步试点推广）。尤其是很多高新区所面临的"二次创业"问题，关键是如何通过高级要素的吸纳、集聚，将发展的重点从生产制造向创新创造转变（有条件的地方可以在自主创新、绿色生产等方面先行先试）。最后，吸引更多的高端适用人才（第一资源）。转变过去只关注资源要素投入和产业集群培育，忽视人才氛围和创新创业环境的思路，着力于围绕创新创业者的需求，构建良好的创新生态系统。并大力发展以高密度技术、高素质人才、高价值服务为引领的创新平台发展模式，提升开发区对创新人才等高端要素的吸引力和承载力。

第四，牢固树立全球标杆意识，确立世界级先进制造业集群的选择标准和重点领域。在选择标准上应注重空间集聚发展能力、自主创新发展能力和全球价值链控制力这三大维度之间的动态匹配与有序衔接。具体而言：在区域层面，要符合长江经济带建设和江苏"1+3"功能区重塑的整体战略导向，注重发挥城市群对产业群的有效带动作用（有效对接工信部关于《长江经济带世界级产业集群发展行动计划》）。在产业层面：应具有良好的成长性并符合未来产业发展趋势，突出精细化、智能化与绿色化的发展模式。在重点领域的选择方面，可考虑从资源基础、动态能力、战略柔性和价值导向这四大维度来关注先进制造业集群的成长性及其行业落脚点。相对而言，电子信息、生命科学、新能源、新材料、智能装备、船舶海工等行业目前具有一定的资源基础和成长潜质，现阶段也最有可能打造出1至2个具有地方标志、领跑全国乃至全球的产业标杆。

（作者：陈晓峰，南通大学商学院副教授，南通大学江苏长江经济带研究院兼职研究员）

聚焦创新引领，推动江苏率先实现优化发展

党的十九大报告深刻阐述的"贯彻新发展理念，建设现代化经济体系"，强调的重点之一就是"实施区域协调发展战略"，其中明确提出要"创新引领率先实现东部地区优化发展"。

改革开放40年来，地处东部的江苏综合实力显著提升，区域创新能力稳居全国一二位。党的十九大报告所提出的东部要率先强化作为改革开放创新领头羊的使命担当，赋予江苏发展新的重大机遇。未来一段时期，江苏应以新发展理念为引领，把创新作为引领发展的第一动力，紧抓新一轮科技和产业革命机遇以及多重国家战略叠加机遇，聚焦"四大创新"，实现"四个优化"，凝心聚力推进"两聚一高"新实践，为在全国"率先全面建成小康社会，率先基本实现现代化"提供坚实支撑。

聚焦理念创新，优化发展方式

当前，我国经济发展进入了新时代，已由高速增长阶段转向高质量发展阶段。江苏要在高质量发展上走在全国前列，首先必须坚定不移贯彻新发展理念，坚决端正发展观念，率先从数量型发展方式转变为质量效率型发展方式。一是以系统思维贯彻落实新发展理念，整体性推动发展方式转变。五大发展理念是一个有机统一的整体，江苏要从相互联系、相互渗透、相互贯通的高度贯彻落实新发展理念，系统推动本省在创新、协调、绿色、开放、共享发展方面实现重大转型，整体性提升全省经济发展质量。二是以精准思维贯彻落实新发展理念，特色化推动发展方式转变。五大发展理念蕴含马克思主义哲学一切从实际出发的基本原理。江苏应树立与新时代和本省实践相适应的思维方式，因地制宜、因势利导，精准推动

南京智能制造装备、无锡集成电路、徐州工程机械、常州先进碳材料、南通海工装备等特色产业集约化、高端化、绿色化发展。三是以实干思维贯彻落实新发展理念，引领式推动发展方式转变。五大发展理念只有在实干中才能转化为现实，江苏贯彻落实新发展理念需要树立担当精神，拓宽视野，直面矛盾，勇于探索，合力推动本省在经济发展质量变革、效率变革、动力变革方面取得引领式实效。

聚焦科技创新，优化经济结构

首先，以科技创新推动供求结构优化。一方面，要把老百姓日益增长的美好生活需要作为推动本省科技创新的方向所在，让创新的科技成果更多进入百姓民生。另一方面，以供给侧结构性改革为主线，聚焦本省特色优势产业，加大教育、科研投入力度，吸引海内外科技人才和研发机构集聚江苏，打造高层次创新载体和研发平台，加强应用基础研究，力争在新能源、新材料、生物技术和新医药、节能环保、新一代信息技术和软件、物联网和云计算、高端装备制造、新能源汽车、智能电网和海工装备等领域，取得关键核心技术突破，努力提高全要素生产率。其次，以科技创新推动产业结构优化。大力推进实施乡村振兴战略，培育本省农业科技创新型龙头企业，促进农业科技创新转化，构建现代农业产业体系、生产体系、经营体系，加快推进农业农村现代化。加快建设制造强省，聚力发展先进制造业，推动互联网、大数据、人工智能和本省实体经济深度融合，打造世界级先进制造业集群，促进先进制造业迈向全球价值链中高端。推进现代服务业科技创新，大力发展电子商务、现代物流、现代金融等生产性服务业，推动发展数字生活、健康养老、数字教育、智慧交通等新兴服务业，加快发展科技服务业，促进文化与科技深度融合发展。打造实体经济、科技创新、现代金融、人力资源协同发展现代产业高地。

聚焦协同创新，优化空间格局

首先，推进形成全省科技资源融合共享格局。结合创新型省份建设新要求和"1+3"重点功能区战略实施新使命，依托丰富科教资源，打破行政分割，在全省范围内推动建设以企业为主体、以市场需求为导向的产学研创新联盟，打通全省高校、科研机构和企业间科技成果转移转化通道，联合建设共性关键技术创新平台，加强全省科技资源交流共享，协同融入全球创新网络，整体提升全省科技竞争力。其次，推进形成长三角城市群协同创新格局。打通江苏与上海、浙江、安徽在学科间、院校间、机构间的界限，加强苏南国家自主创新示范区与上海张江综合性国家科学中心、合肥综合性国家科学中心、杭州国家自主创新示范区之间的联动，推动建设以上海为中心、宁杭合为支点、其他城市为节点的网络化创新体系，构筑以基础性和原创性研究为主的协同创新平台，合力建设长三角世界级大科学设施集群。再次，推进形成长江经济带一体化创新格局。推动人才、技术等创新要素在长江经济带跨区域自由流动和优化配置，促进本省与长江经济带上中游地区信息共享、学科共建、联合创新、产业协作，共同把长江经济带打造成为我国创新发展的驱动带，形成集聚度高、国际竞争力强的现代产业走廊。

聚焦制度创新，优化治理体系

首先，实行市场准入负面清单制度。以2018年我国全面实行全国统一的市场准入负面清单制度为契机，推动改革进入深水区，破除各个领域体制机制障碍，清理妨碍统一市场和公平竞争的规定和做法，逐步缩短负面清单，并建立依据市场变化随时调整的动态机制。其次，完善行政审批制度。以深入推进"互联网+政务"审批模式为契机，进一步强化数据共享和协同应用，继续做优政务服务"一张网"建设和"不见面审批"模式，完善"马上办、网上办、一次办"的行政审批和服务流程，更好地联系群众、服务企业，让数据多跑路、百姓少跑路。再次，营造创新驱动发展良好生态。进一步理顺各级政府与科研机构关系，建立较为完备、利于创新发展的基本制度体系、运行制度体系、保障制度体系，推动政府搭建公共技术平台、企业建设专业技术研发平台，深入实施知识产权战略行动

计划，建立重点改革任务动态跟踪机制，着力突破改革创新、要素配置、运作机制等方面的难点，营造良好的营商环境和发展生态，促进治理体系和治理能力现代化，为建设"强富美高"新江苏提供强有力的制度支持。

（作者：成长春，南通大学原党委书记，南通大学江苏长江经济带研究院院长）

第四编

南通经济发展研究

八个"新作为" 助力南通高质量发展

2018年年初召开的江苏两会上,省委书记娄勤俭专题寄语南通:南通经济增速持续超过全省平均水平,当前正处在大有可为的战略机遇期。立足新时代新方位,南通要在国家重大战略中抢抓发展机遇,在推动高质量发展中迈开追赶超越步伐,为全省发展大局多做贡献。娄勤俭强调,追赶超越必须建立在高质量发展基础之上。南通要力争在高质量发展上走在全省前列,产业发展要高层次,改革开放要高水平,城乡建设要高品味,人民生活要高品质。

根据省委要求,结合区域实际,南通要实现高质量发展,必须在把握自身定位、发挥独特优势的基础上,重点在以下八个方面展现新作为。

一、推动江海联动实现新作为

南通是扬子江城市群中唯一临海城市,海岸资源、港口资源、空间资源都非常丰富,这不仅对南通,对扬子江城市群也是非常宝贵的后备资源。南通可与江苏沿江各市共用南通临海港口、岸线和空间资源,共享收益,从而将江海联动、陆海统筹优势放大到整个扬子江城市群。

一是推动扬子江城市群港航联动。发挥南通江海港口的枢纽优势,以江苏港口一体化改革为契机,通过港航业务纽带,与南京港和苏州港共建江海联运同盟。以股权合作等方式,寻求共建通州湾深水大港,共用通州湾临海优势。

二是推动扬子江城市群江海产业联动。以扬子江城市群整体产业绿色发展和转型升级为目标,统筹扬子江城市群产业整体布局。将南通沿海的"筑巢引凤""筑实根基"与沿江城市"腾笼换鸟"的产业发展战略有机结合,以"飞地经济""园区共建"等形式,推进扬子江城市群江海合作。与沿江其他7市在通州湾共建扬子江国际物流中心和棉油大宗商品储运基地、煤炭和LNG综合能源基地、石化原油战略储备基地。

三是推动江海载体平台联动。建设江苏长江流域航运公共信息平台，实现长江流域信息系统的互联互通和共享。加快推动扬子江城市群跨境电子商务平台整合。

二、对接服务上海实现新作为

建设上海"北大门"与提升长三角北翼经济中心功能同步推进，助推扬子江城市群北翼与上海以及苏南的全面接轨。

一是要加快推动沪苏通都市圈同城化发展，增强南通中心城市集聚辐射功能。在策应上海大都市圈同城化发展中，大力推进沪苏通都市圈跨江融合发展，促进规划对接、基础设施对接、产业对接、体制机制对接，更多分享上海、苏州的城市功能，积极承接产业、资源转移辐射，复制推广上海自贸区经验，加快建成长三角北翼具有国际竞争力的先进制造业基地和现代服务业基地，借势提升城市发展能级。尤其是要充分利用通州湾独特的区位优势和资源优势，加快通州湾深水航道和码头建设，加快江海河联运工程建设进度，积极打造江海直达运输集散基地、多式联运物流中心。

二是要积极谋划通泰盐都市圈特色化发展，彰显长三角北翼经济中心的地位和形象。在引领江苏江海联动、陆海统筹发展中，南通要倡导推动通泰盐都市圈江海一体化特色发展，着力培植本土企业做大做强，加快提升中心城市首位度，争当苏中苏北发展"领头雁"，带动通泰盐都市圈成为江苏继苏锡常都市圈外对接服务上海的新高地，促进扬子江城市群北翼加快发展，在以上海为龙头的情况下形成扬子江城市群"龙头带动、两翼齐飞"发展新格局。

三、引领绿色发展实现新作为

充分利用南通滨江临海环境容量较大的优势，率先打造扬子江城市群绿色生态示范区。

一是坚持陆海生态环境统一管理和制度创新。管理模式由污染物总量控制管理逐步向环境质量目标管理方向转变，管理范畴由环境污染控制和治理向环境与生态保护并举方向转变。

二是利用南通"三城同创"的契机，建立全市主要生态功能区，突出抓好生态空间管控与保护，严守城市开发上线、耕地保护红线和生态保护底线三条"红线"，优化布局生产、生活、生态三类空间。

三是推动产业体系绿色升级。改造提升传统产业，控制重点行业碳排放，加快淘汰落后产能，优先发展绿色能源等节能环保产业，推行企业循环式生产、产业循环式组合、园区循环式改造。

四是加大环境的污染控制与治理力度，加强生态空间的保护和恢复。实施"蓝天行动计划"，控制扬尘污染，推广使用清洁能源、新能源汽车。实施清水行动计划，完善"双水源"体系建设，实现城镇生活污水、垃圾处理设施全覆盖稳定运行，探索实施达标尾水深海排放。

四、打造交通节点实现新作为

一是围绕建设重要区域性综合交通枢纽（节点城市）的战略目标，加快完善与扬子江城市群其他城市以高速公路、高速铁路和高等级航道为骨干的综合运输通道建设，构筑区域网络化发展的交通新枢纽。

二是不断补齐南通融入苏南、接轨上海、辐射苏北的交通短板。加快沪通铁路、锡通过江通道以及宁启铁路二期的建设，做好通苏嘉城际、北沿江高铁前期工作，争取盐通客专早日开工，通过通洋高速与在建的海启高速相连，尽快实现与宁启高速、沿海高速互联互通。

三是加强内部便捷交通建设。强化南通内部交通运输方式的集成衔接，形成公铁水空管、江海河高效联运的枢纽型、功能性、网络化综合交通体系，全面融入扬子江城市群"多元、放射状"的城际交通网络。

五、提升创新水平实现新作为

顺应新一轮科技革命发展趋势，推动扬子江城市群实现科技创新资源共享、科技创新生态共建、科技创新环境提升。

一是要加快集聚创新资源，建设南通城市创新生态体系。要以南通中央创新区为基础，加快整合内部创新资源，集聚全球创新要素。一方面要充分发挥好南通本地高校的创新资源，另外一方面还要大力集聚全球的创新资源来推动南通的创新发展。在创新资源集聚的基础上，打造以企业为主体、以市场为导向、政产学研相结合、生态链条完整的创新生态体系。围绕产业链部署创新链、围绕创新链配置资源链，着力提高"3+3"产业创新能力、配套能力、集聚带动能力，形成整体性的创新生态体系。

二是推动扬子江城市群协同创新基础设施的共建共享。强化与苏南自主创新示范区的战略合作，推动创新资源的共享共用、提升放大创新效应。着力在新能源、信息技术、现代制造、物联网等领域有重点、有步骤地联合南京、苏州等城市基础科学和前沿技术研究基地建设一批高水平的、资源共享的平台。建立扬子江城市群科技创新综合服务平台与科技合作数据库，促进扬子江城市群科技信息服务一体化。

三是促进创新要素的交流互动。联合沿江其他7市，对现有的大型科学仪器、设备设施、自然科学资源等进行整合、重组与优化，相互开放重点实验室、工程技术中心、中试基地等实验平台，提高科技资源利用效率。积极引导各区域打破市场壁垒，整合区域内创新要素市场，尤其是风险资本市场、人才市场、产权交易市场、资产评估市场、技术交易市场等，建立有利于各类创新要素自由流动的市场体系。

四是推进扬子江城市群创新软硬环境的优化升级。推动建立健全扬子江城市群协同创新的政策体系。联合制定《扬子江城市群科技合作项目管理办法》《扬子江城市群科技合作行动计划》等相关政策。推进扬子江城市群科技体制改革。共建与市场经济和科技发展规划相适应、以知识产权制度为基石的现代科技创新体制和管理制度。

六、优化产业布局实现新作为

以扬子江城市群建设长三角北翼先进制造业基地和现代服务业基地为

导向，推动优化江苏沿江产业布局，实现更高质量、更有效益、更可持续的现代制造业空间格局。

一是加速南通内部各级各类载体资源的建设，有序推进相关产业向园区集中。把中央创新区建设作为未来南通创新发展和转型发展的内核，支撑长三角特色产业科技创新基地建设和扬子江城市群创新发展水平。围绕"3+3"产业链部署创新链、围绕创新链配置资源链，提高"3+3"产业创新能力和配套能力。

二是集聚发展战略性新兴产业，做好"外地孵化、南通转化"文章。推动战略性新兴产业在空间、资源、人才等方面有效集聚，引进一批新兴产业重大项目，形成长三角区域具有较强竞争力的现代产业集群。重点抢抓上海建设有全球影响力的科技创新中心这一重大机遇，利用上海高校和科研单位多、科技力量雄厚的优势，打造江苏特色创新基地、特色产业基地和上海科创中心的产业转化基地。

三是加快发展现代服务业。着眼于承接发达地区外包产业转移，推动南通生产性服务业向专业化和价值链高端延伸。着眼于长三角北翼现代物流中心建设，加快改善物流集疏运条件，优化物流发展布局，引进和培育物流龙头企业。以通州湾示范区为核心，大力发展省级特色物流园区和国家级物流企业。着眼于江海旅游门户城市和旅游休闲目的地建设，强化特色旅游开发。

七、主动向北辐射实现新作为

南通作为连接扬子江城市群与苏北城市的北翼桥头堡，有条件、有责任形成扬子江城市群向北辐射带动的中转站。

一是主动发展对北经济合作。南通应该主动强化面向盐城、淮安等苏北城市的经济合作，在产业项目、开发园区、农业开发、基础设施等层面，开展深层次、全方位合作和融合。

二是创新与苏北城市的合作机制。深化城市合作的市场机制作用，创新区域政府间协调机制，探索城市合作利益共享机制和利益平衡机制，建立异地开发区联建机制，建立跨区域的集约利用资源合理分担成本的生态补偿机制。

三是支持和指导企业通过战略联盟、区域转移等形式与苏北城市合作，鼓励教育、人才、咨询、金融、物流、商贸等服务业企业，到长三角北翼以收购、兼并、重组、创办等方式设立分支机构，或开展业务渗透。

八、增创开放优势实现新作为

实现南通高质量发展，要求进一步提升自身开放水平，打造扬子江城市群对外开放的新桥头堡。

一是构建开放型经济新体制。最大限度减少和规范行政审批，为国内外企业创造稳定、透明、可预期的营商环境。改革外商投资管理体制，降低外资准入门槛和扩大开放领域，逐步探索推行"准入前国民待遇"和"负面清单"的管理模式。

二是培育外贸新业态。大力推动南通市跨境贸易电子商务建设，支持中小外贸企业运用电子商务开拓国内外市场。培育一批具有示范效应的内外贸结合专业市场，为全国专业化大市场内外贸融合发展探索发展模式。加快海关特殊监管区域功能叠加和转型升级，大力吸引全球维修中心、检测中心、分拨配送中心等功能性机构落户。

三是加快推进企业国际化。大力推动优势明显的商贸企业、专业市场和大型生产企业"走出去"，形成"走出去"的产业体系优势。鼓励引导纺织、造船、建筑等传统优势产业在境外设立生产加工基地，建立境外研发设计、营销推广机构。建立跨境合作载体平台，积极开展"一带一路"沿线国家战略新兴产业和海洋产业的合作，打造江苏国际产业合作示范区、海洋高新产业基地以及国家海洋经济创新发展区。

四是推进载体平台的国际化进程。支持有实力的跨国经营骨干企业建设境外经贸合作园区，同时积极规划建设境外产业合作园区、跨境经济合作区、境外产业集聚区，为企业开展对外投资合作，提供集聚平台和集成服务。

（作者：成长春，南通大学原党委书记，教授）

以全面转型升级决胜高质量发展
——南通与宁波、佛山经济发展的比较及启示

在 2017 中国城市 GDP 排行榜中，南通以 7 734.6 亿元排名 18 位，佛山和宁波分别为 16 位和 15 位，分别为 9 549.6 亿元和 9 846.9 亿元，超南通接近 2 000 亿元。南通与宁波及佛山相比，无论是发展条件还是发展结构都有诸多相似性，宁波和佛山的发展对正在"脱胎换骨"的南通来说，具有学习和借鉴意义，同时也是"跳一跳、够得到"的目标城市。

一、南通与宁波、佛山的发展路径及发展动力对比

从中华人民共和国成立直到 20 世纪 80 年代中后期，南通 GDP 一直是领先于宁波和佛山的，宁波和佛山分别于 1985 年、1990 年超过南通。2017 年南通、宁波和佛山的经济增速分别 7.8%、7.8% 与 8.5%，宁波与佛山仍然在保持较快增长。南通三次产业结构为 4.9∶47.1∶48.0，宁波为 3.2∶51.8∶45.0，佛山为 1.5∶58.4∶40.1，佛山表现出典型的工业化后期特征。从土地效率来看，2017 年南通每平方公里土地产出 0.90 亿元，宁波和佛山分别为 1.01 和 2.46 亿元，佛山土地产出效率远高于南通。从人口效率来看，2017 年南通人均产出 10.59 万元，宁波、佛山分别为 12.30 万元和 12.47 万元，也有不小差距。

比较近 10 年发展数据可以看出，南通与宁波、佛山相比，主要差距表现在经济发展质量、城镇化发展水平、对外开放程度三方面。一是从经济发展质量来看。2017 年南通工业企业的产出利润率水平为 7.64%，远低于宁波和佛山的 8.16% 和 8.59%，表明南通工业企业的市场竞争力和技术水平与佛山、宁波还有较大差距。此外，从龙头企业数量来看，2017

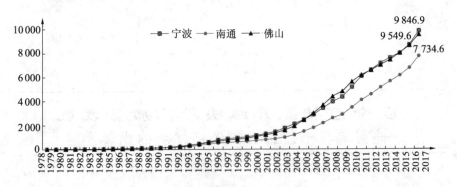

图1 南通、宁波、佛山地区生产总值比较（亿元）

年佛山年产值100亿元以上企业12家，千亿元以上企业2家，宁波100亿元以上10家，千亿元以上1家，而南通100亿元以上企业仅2家，千亿元级企业尚没有。缺乏龙头企业带动是导致南通产业竞争力不强的重要原因之一。二是城镇化水平差距明显。2017年城镇化率南通只有64.37%，宁波已经达到72.4%，佛山已经高达95%。南通、宁波、佛山的城市建成区面积分别为216平方公里、405平方公里、395平方公里，南通约为宁波、佛山的一半。从城市人口竞争力来看，2017年南通人口增长率为-2.69%，宁波和佛山分别为0.75%和2.60%，事实上，近5年来宁波和佛山人口呈现持续流入态势，而南通呈现净流出态势。三是外向型经济还有较大差距。2017年南通外贸依存度为30.5%，而宁波和佛山分别达到了77.2%和45.6%。特别值得注意的是，佛山市内目前有中德工业服务区、欧洲工业园、日本中小企业园等多个成熟的中外合作和区域合作载体，而南通市内目前还没有成熟的中外合作载体。

二、南通与佛山转型升级的比较以及启示

南通应该首先学习宁波和佛山在产业发展方面的经验，并进行有效突破。宁波和佛山在40年的发展过程中，有诸多需要南通总结提炼学习的方面，包括旅游、交通、港口、区域合作等方面，例如宁波在发展海港和港航一体化方面的先进经验，佛山在推动广佛一体化过程中的诸多有效举

措。但是，针对南通当前阶段的追赶超越而言，一定要聚焦于经济增长本身尤其是制造业，要首先在产业增长速度和质量方面实现突破和超越，然后再扩展到其他方面。

南通、宁波和佛山目前都处于转型升级实现高质量发展的关键时期，加快转型升级是三市共同的努力方向。南通围绕高质量发展走在全省前列的目标，加快建设长三角北翼经济中心、综合交通枢纽、创新之都、花园城市，强力推动产业转型升级和提质增效，目前已经形成以高新技术产业引领转型升级的高质量发展态势。宁波近年围绕首个国务院批复的"中国制造2025"试点示范城市，通过智能核心技术突破、智能装备产业发展以及智能重大平台打造等方面努力，基本建立了面向"中国制造2025"的高质量发展产业体系。佛山则围绕国家首个"国家制造业转型升级综合改革试点城市"，一手抓智能制造改造，创新制造生产模式，一手抓"互联网+"，创新产业商业模式，形成了产业转型升级的佛山模式，经验与成效受到国务院通报表扬。

佛山的发展条件、发展结构、产业结构与南通更为接近，由于篇幅限制，本文这里仅仅对佛山的经验做出总结。与南通相比，佛山推动经济转型升级表现出更加全面、更加务实的特征。对南通的启示主要如下：

（一）体制机制改革更加务实

佛山市为了促进转型升级，加大简政放权的力度，营造有利于创新的市场环境。一是把权力关进制度的笼子里。佛山制定了政府的权力清单，企业投资的负面清单、审批清单和监督清单。二是全面打造服务型政府。在"一门式"服务的基础上，推进"互联网＋政府服务"改革，实施行政审批标准化、网上办事大厅建设和"一门式一网式"政府服务模式改革。三是注重强化政策的落实与执行，将政策执行落实到每一个具体负责人，在新闻媒体和政府公共信息平台上，公布每一项政策落实人单位、姓名和电话，并将上级督查与社会评价相结合，确保"转型升级"的每一项政策宣传到位，落实到位，为产业转型升级保驾护航。

（二）提升传统优势产业更加彻底

传统制造业是佛山经济的绝对支柱，佛山针对传统制造业展开攻坚战，走"世界科技+佛山制造+全球市场"的发展道路，从存量优化和增量优质两方面推动传统产业升级。一是出台传统企业转型升级行动计划和实施方案，制定时间表和路线图。二是通过兼并、收购、重组、转移培育和塑造行业龙头企业，并通过构建物流、会展、研发、信息、总部等产业高端环节，实现产业链升级。三是实施质量和品牌战略，一方面引导企业注入品牌与科技元素，打造佛山区域品牌；另外一方面企业与行业协会制定高规格的技术标准、行业标准、推动联盟标准向标准联盟转变。四是以财税以及政策推动互联网、云计算、大数据等与制造业切实结合。五是为民营经济转型提供全面保障，实施了包括降成本、助融资、促创新、拓市场、强保障等5个方面出台40条措施。

（三）以产业链思想提升先进制造业

基于产业链思想提升先进制造业发展水平。一是着力延伸战略新兴产业前向和后向产业链。通过"补链、强链"计划，打造先进制造业全产业链。二是实施产业链招商，打造先进制造业全产业链。佛山提出"5+2"装备产业重点发展方向，推动佛山从制造产品向制造设备转型。三是围绕本地支柱产业塑造"价值链龙头"或引入制造业龙头载体项目。例如佛山根据本地汽车配套零部件产业的雄厚基础，成功引入一汽大众年产70万辆的整车生产线。四是推进制造业的服务化"裂变"。推动美的等一批先进制造企业由生产型制造向服务型制造转变，由设备提供商向系统集成总承包商转型，由产品供应商向整体解决方案提供商转变。五是有效推进科技创新、金融、实体经济有效融合发展。通过加大现代金融发展，实施企业研发机构建设行动等推动制造业和金融以及科技融合。

（四）以产业平台功能提升推动转型升级

佛山经济转型升级中，产业平台起着重要作用。一是着力提升制造业服务平台功能。佛山以制造业为依托，推动创新设计、检验检测、数据服务等生产服务性平台建设。二是着力建设生产服务业平台。通过发展物流

产业、电子商务、新型金融等产业创新平台,推动了电商物流、跨境物流、物流金融、工业旅游等新型业态迅速发展。三是大力发挥中外、内外合作平台功能。例如佛山打造中德工业服务区,加强从德国及欧洲"引资、引智",举办多种形式的国际路演大会、企业交流会、高峰论坛等,促进中德资源的对接,加快产业集聚。四是构建功能强大的金融服务平台。依托"广佛同城化"打造广东金融高新区,强化"金融后援基地+产业金融中心"的功能。五是切实发挥智能制造平台功能。成功培育了3D打印、机器人、光电等战略性新兴产业,推动了"芯光源"孵化器人才增值计划等。

(五)以城市转型带动产业转型

佛山提出"城市是产业载体,产业是城市脊梁"口号,启动"产城人"融合发展战略,实现城市能级和水平跨越式提升,不仅优化了招商引智(资)的人居和文化环境,也对周边城市高端要素形成了虹吸效应。具体举措包括:一是提升城市价值。通过城市组团中心集聚度提升、交通基础设施水平提升、绿化与景观提升以及城乡环境整治,着力推进促进"城市升级"向"城市升值"转变。二是提升城市功能。以项目建设为抓手,推动社会治理、教育、医疗健康、生态环境、交通出行、公共服务全面融合和水平提升。三是提升城市内涵与品位。通过加强历史街区的保护、升级特色古村活化塑造、对老工业区环境重塑与功能重置等行动,提升城市文化内涵与品位。四是提升普惠的公共服务。

(六)构建内外融合的开放平台

佛山一方面大力简化进出口报关流程,促进对外贸易便利化,包括联合海关在全国率先实施"互联网+易通关"。另外一方面着力打造对内外融合的开放平台,包括利用高铁枢纽城市的交通优势、13个城市的高铁经济带合作实验区;粤港澳合作高端服务示范区被国家授为"粤港澳服务贸易自由化示范基地"称号;联合德国不莱梅、汉诺威等10个国内外城市,组建"中德工业城市联盟";利用汽车零部件配套与日本长期合作优势,成立日本企业工业园。

三、南通借鉴佛山、宁波经验加快转型发展的对策与路径

中国经济正处在从高速发展向高质量发展的巨大转型之中，哪个城市能够率先实现质量变革、效率变革、动力变革，哪个城市就能在未来的发展中抢占先机实现领跑。是新时期决胜城市竞争的关键。

能否实现国际国内经济形势的叠加，对南通经济发展构成巨大挑战，同时也提供了"换道超车"的重要机遇。南通应以思想解放为先导，以制度创新为基础，以产业全面转型升级和经济高质量发展领先全省为目标，落实比学赶超，实现高质量发展的"南通梦"。

（一）聚焦解放思想，凝聚创新突破力量

实现赶超发展首先要解放思想，有思想上的"破冰"才会有行动上的"突围"。解放思想，一是要克服"惯性思维"和"主观偏见"，从以往的成绩和经验模式中解放出来，从部门权力、部门利益、条条框框的羁绊中解放出来，以实事求是的精神来开创新事业。二是跳出南通，树立大格局。南通要有"跳出南通看南通，跳出南通发展南通"的格局，以全球和全国先进地区为标杆，敢与强市比绩效，敢与快市比速度，对比审视自身在理念、政策、服务、工作水平等诸多方面的差距。三是要清醒认识南通面临的形势。中国经济正面临从高速增长转向高质量发展的深刻转型，南通处于五大国家战略叠加区，跨江通道和高铁枢纽的建成为南通插上了新一轮腾飞翅膀。但是也要清醒认识到，南通追赶发展的机遇期转瞬即过，错过机遇期将永远失去追赶机会，一篙松劲即退千寻，切不可麻痹大意放松努力。四是要开拓创新，锐意改革。深化改革是解放思想的初衷与真谛，也是南通实现追赶超越的必由之径。目前改革的动力减退难度增加，越是这个时候越是要解放思想破难攻坚，发扬开拓创新的锐气，按照高质量发展的要求将改革进行到底。

（二）聚焦制度机制创新，为高质量发展提供坚实保障

一是创新行政审批服务体制，缩减行政审批事项，优化审批流程，实行一站式审批。加大财政资金对制造业的支持。创新财政资金支持方式，

优化促进制造业转型升级的财税政策。二是创新政府管理体制，不断提高政府效能。进一步探索政务创新以提高政府管理效能，学习佛山开展"一门式一网式"政务服务模式改革，降低企业注册和运营成本，推广区块链政务应用，努力为企业扎根南通发展创造更加优良的营商环境。三是强化政策的落实与执行。将政务创新政策落实到每一个具体负责人在新闻媒体和政府公共信息平台上，公布每一项政策落实人单位、姓名和电话，并将上级督查与社会评价相结合，确保"转型升级"的每一项政策宣传到位，落实到人。

（三）聚焦传统制造业升级，全面提升传统制造业竞争力

一是通过龙头企业培育和产业链延伸，推动传统产业提质增效。针对南通纺织、船舶海工等传统制造业，实施"三个一批"战略，扶持壮大一批、改造提升一批、转移淘汰一批，释放要素资源，形成和培育各个产业链环节的龙头企业；同时推动制造业从生产环节向微笑曲线两端延伸，包括品牌创建、技术研发、产业链整合、多元化发展、市场开拓、总部建设等。二是以产业链招商为抓手，构建全产业链竞争优势。以产业链招商为抓手，开展市、区、镇、园区"四级联动"进制造业重点环节招商计划，对智能装备、新材料、新能源等重点发展的战略性新兴产业进行"建链"，对现有产业链条缺失的高附加值环节进行"补链"，对船舶海工、电子信息等传统优势产业链的薄弱环节进行"强链"。三是大力推进先进制造业的服务化裂变。推动一批制造企业由生产型制造向服务型制造转变，由设备提供商向系统集成总承包商转型，由产品供应商向整体解决方案提供商转变。支持优势企业"裂变"专业优势，通过业务流程再造，向全行业提供社会化、专业化服务。

（四）聚焦金融+科技+产业融合，打造创新生态体系

推动产业链、创新链、资金链"三链融合"，打造南通产业创新生态体系。一是围绕产业链部署创新链。产业链上下游技术的关联性和融合性在一定程度上决定了区域产业整体竞争力水平。围绕南通"3+3+N"产业链的链条环节部署创新活动，依托产业链布局技术创新项目，将技术创新活动进行统筹和串联，使创新成果相互衔接、集成，支撑产业链整体发

展创新。二是围绕创新链完善资金链。一项产品的创新要依靠产业链上各环节技术创新来实现,因此需要在产业链、创新链的不同环节上精准合理地投入创新资金,提高创新资金的使用效率,完善政府对技术创新的支持机制。三是着力推进科技与金融结合,改善科技融资条件。推动金融创新,积极探索股权质押、应收账款质押、知识产权质押等创新金融产品。加快建立新兴产业创业投资引导基金,加大引导银行对中小企业的信贷支持力度,鼓励和引导民间资本进入科技金融服务领域。

(五)聚焦跨区域合作平台建设,推动融合发展

从商品和要素的合作升级为产能合作是区域融合发展的重要趋势。一是要强化与长江经济带中上游城市的产业平台共建合作。发挥南通经济实力强、开放程度高的综合优势,将通州湾江海联动优势向中上游延伸,共建江海联运物流中心和产业合作区、经贸合作高地。二是强化与"一带一路"国家的产业园区共建合作。一方面鼓励南通企业积极参与境外产业集聚区、城市综合体、专业市场等载体建设,鼓励如皋双马化工印尼农工贸产业合作区创建国家级境外经贸合作示范区。另外一方面要依托当前中新、中奥、中意等重点合作共建园区,吸引国外细分行业龙头企业、高科技企业、境外研发机构落户南通。三是要强化与上海以及苏南的园区合作。

(六)聚焦中心城市能级提升,以城市转型带动产业转型

城市是产业载体,产业是城市脊梁,产业和城市融合程度很大程度上决定了经济升级转型的成效,南通中心城市首位度不高、要素集聚能力不强,构成了南通产业升级的重要短板。一是大力推进户籍制度改革,降低南通的落户门槛,创造条件允许大专以上毕业生直接落户。实质性地提升南通城市的开放和包容度,为外来务工人员提供便利的、较高水平的医疗、教育、住房、生活、失业培训等方面支持。二是着力推进促进"城市升级"向"城市升值"转变。通过城市组团中心集聚度提升、交通基础设施水平提升、绿化与景观提升以及城乡环境整治,推动社会治理、城市空间、生态环境、城市文化、交通出行与公共设施全面融合和水平提升。三是大力提升城市公共服务业发展水平,包括基本公共教育、劳动就业、

养老保险、医疗卫生、住房保障、社会救助等多个方面的水平和规模，让南通的教育和医疗名片能切实产生人力资源吸引力。四是切实推进"三集中工程"，提升南通中心城镇的要素集聚度。要素空间分布的过度分散化是导致南通建设用地生产效率较低、城市功能难以健全的主要原因。通过企业向工业园区集中、农民向集中居住区集中、土地向规模经营集中的"三集中"工程，能够有效实现资本的效能集中、资源的配置集中、土地的利用集中，使中心城镇提档升级，从而形成强大的空间吸引域。

（作者：陈长江，南通大学江苏长江经济带研究院副研究员，博士）

南通市构建城市创新生态体系的关键问题研究

南通打造城市创新生态系统，其实质意义在于紧紧把握创新的整体性、网络性、有机性和动态性特征，推动知识资源投入、科技成果产出、科技成果产品化、商业化等过程顺畅转化，最终形成正向循环的生态网络体系。通过探讨南通创新体系特点，以及对创新生态体系理论研究成果和深圳等城市的成功经验的分析，提出了南通构建创新生态体系的对策建议：一是打造有规模、成体系的创新生态群；二是构建"科技+产业+金融"的创新生态链；三是营造包容性、开放性的创新生态环境。

一、城市创新生态体系内涵与特征

（一）城市创新生态体系的内涵

城市创新生态体系是指城市创新群落内部、创新群落与创新环境之间相互作用和相互影响的有机整体。城市创新生态体系强调创新主体之间、创新主体与其环境之间密切联系相互作用的动态平衡系统。这个系统由创新生态群落、创新生态链条和创新生态环境三个有机部分组成。创新生态群落是创新知识、创新人才、创新企业、创新中介等创新要素的集聚体。创新生态链条是各种创新生态群落之间的嵌套、关联关系。城市创新生态环境是创新主体赖以生存的环境系统，包括基础设施环境、资源承载环境等硬环境因素和制度环境、经济环境、文化环境、教育环境等软环境因素。

（二）城市创新生态体系的特征

20世纪以来，创新的方式已经从线性创新发展到协同创新，进入21世纪之后，从协同创新升级为网络化的生态创新已经成为趋势。即通过创

新生态系统实现创新的网络化、系统化、生态循环化，在协同创新基础上融入了生态网络思想，将创新看作是联系更为丰富、内部结构更为复杂、整体更为优化的动态循环系统。

创新生态体系理念改变了过去只注重研发活动本身的狭隘观点，它更加突出创新的整体性、网络性、有机性和动态性特征。在创新生态体系中，创新主体、服务机构与创新环境形成相互依存、互相嵌套、相互促进的良性生态循环，统一于创新整体动态过程中。创新主体内部以及主体与环境之间关系的融洽程度影响甚至决定着城市创新系统的成败和持续性。

南通构建创新生态体系，其实质意义在于要紧紧把握创新的整体性、网络性、有机性和动态性特征，通过对创新产业链上创新要素的集聚和引导，构造创新生态链条和创新生态环境，促进创新群落间的集聚、互动，实现知识资源投入、科技成果产出、科技成果产品化、商业化等创新过程顺畅转化，最终实现创新绩效并反哺科技创新投入源头，进而驱动新一轮更高技术、更高水平的创新，形成正向振荡的创新生态体系。

二、南通区域创新生态体系发展现状

（一）企业创新主体地位突出，但是政府支持力度仍然不足

2015年南通市企业R&D支出占销售收入比重达到1.18%，与苏州并列江苏第三，研发人员占科技人员比重也排名第三。大中型工业企业和规模以上高新技术企业研发机构建有率达97.58%，居全省第一位。全市85%科技计划项目由企业牵头，90%研发投入源自企业，80%创新人才流向企业，创新型企业已经成为创新驱动发展的主力军。但是政府科技拨款占财政支出的比重为3.24%，在13市中仅排名第7，表明政府层面的支持亟须加强。

（二）高新技术产业跨越式发展，但是技术创新的"土壤"不厚

2016年南通高新技术产业产值达到了6 886亿元，排名全省第3，南通已经成为江苏省高新技术产业高地。但是从高新技术发展的"土壤"来看，南通每万人中大学本科及以上学历人数为114人，仅排名全省第10。

此外，每万人口专利申请数（件）排名第八，全社会研发支出占 GDP 比重、每万从业人员中 R&D 人数、每万人发明专利拥有量这几项指标均排名第 6，表明南通创新体系的大众土壤还有较大的提升空间。

（三）创新平台和创新服务渐成规模，但面临生活服务业发展不足的制约

目前南通有省级以上科技公共服务平台 20 家，科技服务业收入、机构数和从业人员数均居全省第三位；各类科技企业孵化器 63 家，居全省第四位；孵化场地面积 303 万平方米，居全省第五位。南通市已经与省内外 150 多所高校院所建立了稳定的合作关系，共建新型产业研发组织 20 个，校企联盟总数达 709 家，建立省级产学研产业协同创新基地 2 个。但是南通服务业占 GDP 比重排名全省第八，服务业发展不足制约了创新服务平台功能的发挥。

三、南通构建创新生态体系的路径与建议

南通建设创新型城市，一方面要立足于南通发展的实际阶段和特征，另外一方面也要借鉴深圳等城市构建创新生态体系的成功经验，以创新生态要素集聚为基础，构建"科技+产业+金融"的创新生态链，营造有活力的创新生态环境。

（一）构建有规模、成体系的创新生态群

1. 提升创新要素集聚的密度和浓度

国内外经验表明，城市创新生态体系必须有一个创新极核，通过将创新所需的知识条件、企业家条件、财务条件、金融条件等集聚在一起，形成相互沟通和切磋、碰撞和激发、竞争和合作等，产生知识和信息的溢出和互促效应。如果任凭创新要素和企业零散分布，那么即便创新要素规模很大，也不可能形成创新生态体系。南通中央创新区就是南通构建创新生态体系的极核。通过中央创新区的建设，将南通有限的创新人才、创新服务、创新企业、创新金融集聚起来，将中央创新区真正建设为创新"中央"，实现集群效应和溢出效应。

2. 构建多层次的创新人才生态群

强化人才优先的战略导向，加大招才引智的力度，推动经济发展与人才发展融为一体，招才引智与招商引资同频共振；构建集聚人才的制度，用良好的机制、优惠的政策、友好的环境吸引人才、集聚人才；建立人才的激励制度，完善客观、公正的创新评价体系和激励机制；优化有利于人才落户成长的保障环境，围绕就业创业、落户、医疗保险、社会保险、公积金、人事服务、住房保障等环节，进行系统的帮扶。

3. 构建有活力的创新金融生态群

大力吸引国内外创新金融机构落户南通，扩大支持创新的资金来源，开发更多符合科技创新融资特点的金融产品；积极建设科技企业直接融资市场，支持有发展潜力的中小科技企业在中小板市场上市。大力推行科技债券融资的新方式；大力发展风险投资市场，鼓励风险投资、私募股权基金的集聚和发展，引导风险投资、私募股权基金专注投资成长期科技企业；积极培育科技担保市场，培育一批资本、规模和创新能力较强的科技担保机构。

4. 构建成体系的创新企业生态群

努力形成梯次完备的企业创新主体力量。既要深入实施领军科技企业计划，也不能忽视中小创新企业的力量；积极鼓励企业研发机构建设，大力提升已有企业研发机构档次和水平；引导和支持企业加大研发经费投入，进一步加大对企业建立研发机构、申请专利、开发新技术和新产品等自主创新行为的奖励和扶持力度。大力培养具有创新精神的企业家。

5. 搭建科技中介生态群

积极构建投融资、研发服务、信息中介、创新人才、科技仲裁等体系完整、门类齐全的科技中介服务平台；搭建和组织网络化、服务专业化、开放协作的科技中介服务体系；加大国际科技中介人才的培养和引进力度；鼓励和完善高校参与科技中介服务体系建设；积极探索市场化和国际化科技中介发展路径。

(二) 构建"科技+产业+金融"的创新生态链条

1. 推动科研资源共享平台建设

建设南通市科技创新公共服务中心,汇集创新资源和人才、产业、机构等方面信息,积极推动产学研对接服务;建立创新服务平台开放运行模式和共享使用制度;建立大型科学仪器设备协作共享和信息报送制度。

2. 完善区域技术转移和科技成果转化服务体系

提升和完善南通科技投融资平台、科技孵化器、技术供需信息中心以及知识产权交易平台等科技成果转化平台的质量和规模;充分发挥创新平台联接和融合科技进步与产业创新的枢纽作用,搭建高校和中小科技企业之间沟通协作的桥梁和机构;破解高校与科研院所科技成果产业化的融资瓶颈,鼓励高校和科研院所科技人员基于科技成果的创业。

3. 大力度推进金融与科技融合

大力实施金融科技融合工程。支持企业进入多层次资本市场,加快形成多元化、多层次、多渠道的科技投融资体系;积极推进金融工具创新,如对重大科技专项资产实行证券化、发放可转换债券、票据贴现等低风险业务等;加强对中小型创新企业的金融服务,通过股权融资、债券融资、管理参与等方式提高对中小型企业创新支持力度;探索对符合条件的企业可开展知识产权和非专利技术等无形资产的质押贷款试点。

4. 大力推动政产学研融合创新

以市场为导向推进产学研结合。鼓励高校与科研院所将科研目标放在企业发展和竞争力提升的需求上,并以此作为科研人员绩效和职称的标准;鼓励研究院所向企业化转制,使科研机构与企业、市场之间的联系更加密切,技术创新的目的更加明确,经费更有保障;营造有利于产学研结合的政策环境。综合运用财政税收补贴,推动产学研有效和紧密的合作;形成产学研结合的长效激励机制。建立和完善符合国际惯例的技术入股制度、科技人员持股经营制度、技术开发奖励制度、人才兼职和流动制度等激励机制。

（三）构建有活力、全开放的创新生态环境

坚持把改善创新环境作为一项系统工程和长期战略来抓，高度重视创新环境的总体设计、统筹规划、制度安排与政策制定；各部门协同推进，坚持大科技、大开放、大合作的发展思路，加强区县间、部门间的合作与协调，形成跨区域、跨部门协同推进改善创新环境工作的新格局；营造全社会参与的氛围。积极引导社会力量参与改善创新环境行动计划，让创新成为全社会的共识和自觉行动。

2. 进一步健全知识产权保护制度体系

进一步扩大知识产权保护的内容和范围。保障自主知识产权保护的有效执法。建立和完善行政执法体系和知识产权保护协调指导机构。建立专门技术问题的鉴定制度，建立统一的知识产权审判格局和机制。

3. 大力构建鼓励创新的文化环境

构建勇于创新、敢为人先的文化。破除传统中陈腐的中庸思想，树立勇于创新、敢为人先的观念，努力形成敢为人先、敢冒风险的文化氛围；构建平等参与、公平竞争的文化环境，倡导追求真理、热爱科学的价值观，保持平等参与、公平的社会文化氛围；构建开放包容、崇尚合作的文化，创造有利于创新的氛围，培养开放、包容的团队精神。构建"尊重知识、尊重人才、尊重创新"的良好风尚，打造知识友好型社会。

（作者：陈长江，南通大学江苏沿海沿江发展研究院副研究员，博士）

深圳创新发展对南通建设
具有区域影响力创新之都的启示

> **摘 要** 作为长三角城市群Ⅱ型大城市和长三角北翼经济中心的南通,今后要以建设全国创新型城市为抓手,构建优良的创新生态,打造作为长三角北翼重要支撑的具有区域影响力的创新之都。加快形成与上海全球科创中心、苏南国家自主创新示范区高度协同,对长三角北翼地区具有传导和带动作用的创新高地。

党的十九大报告提出,贯彻新发展理念,建设现代化经济体系,加快建设创新型国家。2018年的政府工作报告提出,要把握世界新一轮科技革命和产业变革大势,深入实施创新驱动发展战略,不断增强经济创新力和竞争力。加快推动创新之都建设向纵深拓展,是南通市贯彻落实党的十九大精神的实际行动,是大力推动南通追赶超越、实现高质量发展的重要路径。他山之石,可以攻玉。正在打造"具有全球竞争力创新之都"的深圳是全国首个国家创新型城市,科技创新一直走在全国前列,其推动创新发展的理念和具体做法对南通具有借鉴价值。

一、深圳创新发展的主要成就

改革开放四十年来,作为改革开放"试验田"的深圳逐步从最初的边陲小县城,发展成为今天超千万人口的现代化大都市。深圳是全国最大的移民城市,95%的常住人口是外来移民,深圳人口年龄构成年轻,是典型的开放型社会,多元文化并存,形成了独立奋进、勇于竞争、开拓创新、奋发有为的移民文化价值观，移民文化价值观又孕育了深圳特有的创新文化基因，造就了"鼓励创新、宽容失败、脚踏实地、追求卓越"的城市创新文化。

深圳经济具有外向度和市场化程度"双高"特点。首先，改革开放以来，深圳凭借各类优惠政策以及毗邻香港的区位优势吸引了大量外商投资，频繁的贸易投资往来积累了大量外汇资金。同时，也培育了一大批高水平管理人才和熟练技术工人，带动了企业创新意识的培养，在珠三角地区形成了我国首批创新企业集群。其次，企业与市场是深圳创新发展的主体（见图1）。深圳市委、市政府以世界眼光加强顶层设计，前瞻部署七大战略性新兴产业，在充分发挥政府引导、市场运作、创新文化引领的基础上，通过"加强源头创新实力、大视野引才"等重要措施，推动形成了以高新技术产业为基础、以市场为导向、以高新技术企业集群为主体、以用户为中心的"政产学研用"自主创新发展模式。

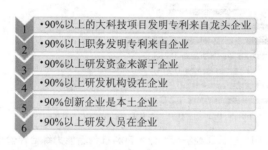

图1　深圳创新发展的6个90%

经过多年不懈的努力，深圳的创新正加快向高端前沿迈进，从跟跑、并跑向领跑跃升。2016年，全社会研发投入占GDP比重达4.1%，居全国（2.08%）领先水平，接近全球比例最高的以色列（4.4%）。加之具备完善的供应链和创新生态体系，深圳已成为"高科技之城""创客之城""硬件产业硅谷"。另外，深圳PCT国际专利申请量连续12年居全国首位，2016年占全国的50%。深圳的创新驱动还使能源消耗结构发生了变化，经济增长和资源能耗出现"剪刀差"，即GDP持续增长，能源消耗却逐年下降。

二、南通创新发展的概况与主要瓶颈

自 2012 年被确定为国家创新型城市试点以来，南通市通过推进创新型企业培育工程、"三创载体"建设工程和"江海英才"计划等举措，深化产学研协同创新，推动科技成果转化，加速集聚科技资源，科技综合实力显著增强。

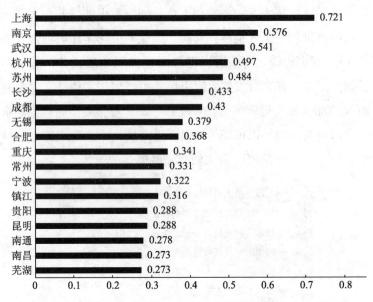

图 2 2016 年长江经济带部分城市科技创新能力综合评价结果

从具体数据来看，截至 2017 年年末，全社会研发投入占 GDP 的比重达到 2.69%，跻身世界创新型国家中等水平；全市拥有高新技术企业 1 045 家；新建省级工程技术研究中心 18 家，省级企业院士工作站 3 家，省级研究室工作站 42 家；新建市级公共技术服务平台 2 家，市级工程技术研究中心 65 家，企业研究院 2 家，重点实验室 4 家；全年有 17 项科技成果获江苏省科技进步奖；全市共建成科技孵化器 47 家，全年专利申请量 54 742 件。此外，南通先后与省内外 150 多所高校院所建立了稳定的合作关系，共建新型产业研发组织 20 个，校企联盟总数达 709 家。从人才层面来看，通过"江海英才创业周""南通籍海外学子家乡行"等活动，

累计引进国家"千人计划"、省"双创计划"等高端人才538人。

但是，对比苏南等创新领先地区，南通创新发展仍存在着薄弱环节，创新能力仍有很大提升空间（见图2），主要体现为：第一，在财政资金扶持创新型企业方面，无论在金额上，还是在效率上仍有较大提升空间；第二，创新服务支撑体系亟须完善；第三，多层次人才体系和人才综合竞争力仍是较大制约因素；第四，重大技术突破不够，高端设计研发不足。

三、深圳的成功经验对南通的启示

从"跟随式创新"到"引领式创新"，深圳的成就可概括为"四个突显，四个一流"，即：政府主导作用突显，企业主体地位突显，创新高地突显，创新文化突显；城市建设一流，创新环境一流，高端产业一流，研发水平一流。

其成功经验对南通有以下四点启示。

一是服务型政府营造良好的创新生态。深圳经验表明，应加快向服务型政府转型，通过商事制度改革、审批制度改革、人才培育与引进制度创新以及建立健全绩效管理、构建公共技术研发平台、举办高交会等国际会展等举措，营造有利于富有创新精神的各类人才创新创业的良好营商环境，为企业提供"定制式"贴身服务，让企业在自主研发中实现技术突破，成功搏击全球市场。

二是以企业为主体的自主创新推动创新与产业融合发展。以创新型企业为主体、以市场需求为导向的自主创新模式可以有效避免科技和经济"两张皮"的问题。深圳经验表明，必须把"技术创新、产业创新以及商业模式创新"落实到企业身上，重视中小微企业在创新发展中的重要作用，扶持初创企业成长，充分激发市场活力。同时，政府可以通过社会组织，积极培育新型的研发机构，如光启研究院、华大基因研究院等。

三是多元高效的投融资体系是推动自主创新的重要保障。创新始于技术，成于资本。深圳形成了"创业、创新、创投"三者协调配合、释放乘数效应的"铁三角"发展格局。深圳经验表明，有必要鼓励银行创新担保和增信手段，为创新型企业提供必要的资金支持。同时，政府应为创新型企业推出的"成长路线图资助计划"，根据创新型企业从初创到成熟（乃至IPO）的不同成长阶段，及时提供相应的投融资服务，建立以政府为引导，企业为主体，风险投资、天使投资、银行、产业基金、技术和知识产权交易等为依托的科技投融资体系（见图3）。

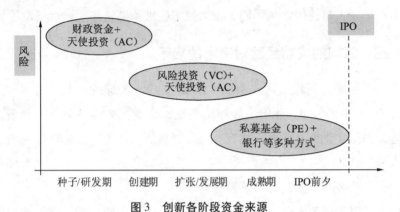

图3 创新各阶段资金来源

四是人才是推动自主创新发展的最关键因素。深圳创新创业人才呈现多元化态势。包括：8万海外留学人员形成的"海归系"，国内大量双创人士形成的"孔雀系"，以"创二代、新二代"为代表的深商系，以及以华为、腾讯等为代表的高科技企业"裂变系"（鼓励员工内部创新，如腾讯的"单飞企鹅俱乐部"）。深圳经验表明，真正的创新人才应该是经历重于资历、能力重于学历。关键是要激发调动各类人才的积极性和创造性，既要推动精英创新创业，也要推动草根创新创业，形成"千军万马"创新创业的局面。

四、南通建设具有区域影响力的创新之都的路径

作为长三角北翼经济中心的南通，今后应加快构建以制度环境和创新要素为支撑（塔基），以企业为主体（塔身），以高科技产业为方向（塔尖）的"塔形"创新生态体系，以科技创新带动全面创新，实现高质量发展。在此基础上，发挥领头雁作用，与其他相关城市协同打造长三角北

翼科创走廊，以此扭转长三角地区南强北弱的发展格局，解决长三角发展中存在的不平衡不协调问题。

（一）改善营商环境，培育国际化创新型企业

一是优化创新生态，集聚创新资源。要进一步做好简政放权的"减法"、做强监管的"加法"和优化服务的"乘法"，实现企业追求与政府支持的"同频共振"。借鉴深圳近期提出的《关于加大营商环境改革力度的若干措施》（20条措施和126个政策点），做好全程服务，破除影响非公有制企业公平进入和竞争的各种障碍，营造有利于企业创新发展的市场氛围。要优化科技项目审批流程，实施负面清单管理，确保各项科技资金专款专用。要认真落实高新技术企业税收减免、研发费用税前加计扣除、"四技服务"等优惠政策。借鉴深圳经验，由一名市委常委牵头，科技局、经信委、发改委、金融办等部门联动构建对接服务创新型企业的挂钩联系工作机制、部门协同机制、常态化服务与专题服务结合机制、双向沟通与服务信息发布机制等4种机制，实施技术创新提升服务、高端人才集聚服务、科技金融助推服务、产学研合作优化服务、创新政策扶持服务和企业形象宣传服务6大服务。针对科技含量高、市场潜力大、发展前景好的创新型企业，在推进项目建设、用地、生产要素供应、资源配置方面给予政策倾斜和支持，切实解决企业面临的难题，避免发生企业最担心的"口惠而实不至"情况，同时，要培育"鼓励创新，宽容失败"的城市创新文化氛围。

二是外引内培，壮大创新型企业。通过定期举办国际性科创会展、创新推出与大数据融合的招商模式、切实降低企业综合成本等举措，大力引进高新技术企业、独角兽企业、科技上市公司。同时，加快培育本地创新型企业，引导企业成为技术创新、成果转化的主体。建立创新型企业培育对象评价指标体系和行动方案，按照《南通市2018年建设创新型城市打造创新之都工作计划》，认定培育高成长性科技企业30家、科技小巨人企业20家，力争2018年高新技术企业总数达到1 200家左右。推动一批规模以上工业企业升级为高新技术企业，推动一批高新技术企业壮大为规模

以上企业。扶持中小型创新型企业发展，构建从"种子企业"到"领军企业"的发展梯队，形成"顶天立地"的大企业和"铺天盖地"的小微企业共同发展的创新创业生态。

三是提高企业外向度，融入全球创新网络。要发挥南通开放型经济优势，突出创新和开放"双轮驱动"。由发改委、商务局牵头，引导企业把握"一带一路"机遇，以园区为载体，完善跨境创新对话机制，探索实施"跨境科技伙伴计划"和"跨境共建科创园区计划"。同时，引导金融机构从投资前期费用、中长期贷款贴息到运营费用补助等，"全过程"扶持南通创新型企业到海外科技创新高地设立研发机构，开展研发活动和国际专利布局。鼓励企业实施跨境品牌发展战略，参与国际标准制定，不断提高附加值。在充分考虑全球市场地位、文化密集程度、母国市场规模等因素的前提下，积极开展跨境科技创新合作，获取全球创新资源，深度融入全球创新网络，提高国际创新竞争实力。

（二）完善创新型企业服务支撑体系

一是提升载体功能，打造高端科创基础设施。构建"苗圃—孵化器—加速器"三位一体的科技创新创业链条，注重高端要素集聚与高端产业发展的"相辅相成"，推动实体经济与互联网的"融合催生"。以"四创联动"（创新、创业、创投、创客）为突破口，加快中创区和高新区建设，形成"四高"（高等院校、高端企业、高端人才及高端平台）资源集聚高地。推进南通高新区建设国家科技服务业示范区、省科技金融集聚区。同时，推动省级高新区跨江融合发展、错位发展，争创省级"创新型园区"。要重点推进与上海的科技服务机构和设施、科技园区、高校院所、知名企业、"双创"人才之间的"六大对接"，推进落实《沪通科技创新全面战略合作协议》。建设一批国家级重点实验室、工程实验室、工程技术研究中心等重大创新基础设施，创建海外人才离岸创新创业基地，打造跨区域和国际化高校集聚区以及虚拟大学园，引进国内以及发达国家和地区著名大学和国际高端智库落户南通，解决南通创新链上游存在的"短板"。

二是加快平台建设，提供各类优质服务。加快建设孵化机构、创业平台以及人才基地。培育技术咨询、技术转让、无形资产评估、上市策划、知识产权代理等科技服务中介机构和行业协会。构建更高效的知识产权服务和技术成果转移转化平台。在推动科技成果项目化落地、市场化运作、企业化运营的同时，加快建立完善以知识产权为导向的创新驱动评价体系，为各类创新主体提供知识产权高端服务。要着眼提升高新技术产业核心竞争力，围绕"3+3"重点产业重大产业技术创新平台全覆盖目标，按照全产业链一体化模式，整合产学研创新资源，提升南通市现有的24家高端创新平台的建设层次和水平。

三是发展多元化金融服务，破解投融资瓶颈。发挥"南通创业融资服务平台"应有功能，增加"江海创投行"线下对接活动频次。由金融办牵头，引导南通市内外的风险投资、私募基金等社会资本积极与创新项目之间形成良性互动、有效对接。鼓励银行探索投贷联动，尝试风险与收益相匹配的机制安排。鼓励银行推出"孵化贷""成长贷""研发贷""加速贷""知识产权贷""集合担保贷"等科技金融产品，形成多系列、多层次、多阶段、广覆盖的科技金融产品和服务体系，实现技术创新与金融创新的"双轮驱动"。同时，建立健全补偿、代偿、贴保、贴息相结合的多层次风险分担机制，降低金融机构投资创新项目的风险。此外，要支持有条件的创新型企业通过兼并、收购、联合、参股等多种形式开展跨地区、跨行业、跨国兼并重组及投资合作，对企业在国内外实施的以增强创新能力和竞争力的并购给予资金、法律等多方面的支持。加快企业上市步伐，开辟资本市场直接融资渠道，引导企业采取股权融资、债券融资、票据融资等多种方式，推动企业跨越发展。

（三）进一步完善人才培育引进机制

一是规划引领，广聚高端人才。实施新一轮江海英才计划，举办智慧建筑、人工智能、大数据等重点领域的产业发展人才峰会。深入实施省"333工程"、市"226工程"、科技企业家培育工程等省、市人才培养工程，制定市科技企业家培育计划实施办法，打造集人才、技术、项目、资本等多种发展要素为一体的国际化引才聚才新平台，力争区域人才发展主要指标继续保持在全省第一方阵。加快建立科学化、社会化、市场化的人才评价制度。实施技术移民制度。探索建立具有国际专业技术资格的人才和技术移民积分制度,突破外籍人才长期居留、永久居留、创新人才聘用、流动、评价激励等政策瓶颈,更好集聚国外各类优秀人才。

二是降低门槛,广纳青年人才。吸引大量一般性人才和技能型人才,形成多层次、合理化人才队伍。整合市内高等职业院校,全面实施大学生落户计划,吸引青年人才在南通就业、创新、创业。让"有梦想、有激情、有知识、有创意"但"无资本、无经验、无市场、无支撑"的大学生"无中生有"。建议研究生以上学历和40岁以下本科学历人才,凭毕业证就可在南通落户;技术与技能型人才凭相应职业资格证书办理落户。对急需型人才,由企业自主确定落户条件。

三是优化发展环境,广留各类人才。留住人才关键是让人才"把心留住",要用事业留人,政策留人,待遇留人,感情留人,满足人才的情感归属、自尊他尊、自我实现需求。应通过政策"组合拳",建立健全人才选拔、培养、评价、流动、激励、保障等一系列制度机制;切实解决人才子女就学、家属工作、健康医疗和奖励激励等问题;采取租赁补贴、购房补贴以及购买共有产权房、承租人才公寓和公共租赁房等方式,确保各类人才安居;以"三城同创"为契机,推动绿色发展,打造宜居宜业的生活环境;以此满足人才在发展机会、信息交流、生活待遇等方面的需求,优化人才发展生态,打造人才友好型城市。

(作者:冯俊,南通大学江苏长江经济带研究院副研究员;缪建红,南通市科协副主席;严惠慈,南通市科协组宣部部长;周威平,南通大学江苏长江经济带研究院常务副院长)

启东承接上海创新创业资源外溢的现状与探索

摘 要 随着长三角区域一体化的不断深化,上海周边地区对接上海的步伐进一步加快,区域之间的融合、对接与辐射也将成为必然趋势。本文通过研究上海创新创业资源外溢的途径与方法,分析江苏省启东市的区位、产业现状、承接双创资源外溢能力,为启东有效吸收利用上海的高新技术资源,提高自主创新能力提出相关对策与建议。

上海作为我国最大的城市,不仅对长江三角洲地区,而且对整个长江流域乃至全国都有辐射带动作用。上海拥有重要的科技教育中心,为全国提供技术咨询;拥有全国领先的综合性工业基地,输入原料、燃料,输出工业产品;拥有高度集聚的高等院校、高水平科研机构和高水平科技人才,涌现很多高科技成果。但上海也面临土地等资源非常缺乏、制造业成本高昂等因素,制约了高科技成果的本地产业化,创新创业资源向外扩散成了必由之路。启东地处上海之北,紧邻上海崇明,与上海地缘相邻,习俗相近,人文相亲,交通与通信等基础设施完备,具有得天独厚的区位优势,在环保等因素制约下,启东要通过各种途径和方法,抓住长三角经济一体化机遇,充分发挥靠江、靠海、靠上海的区位优势,借力上海的科技高势能,发展绿色产业和知识密集型产业来提升启东的产业结构,力争使启东成为沪苏区域协同创新的试验区、上海科技孵化成果转化的加速区、上海双创资源外溢的最佳承接区,为启东经济发展提供强有力的科技支撑。本文通过研究上海创新创业资源外溢辐射的途径与影响因素,探索启东市承接上海的创新创业资源的有效途径。

一、启东承接上海双创资源外溢的优势

近年来，经济全球化和区域经济一体化进程不断加快，随着上海综合实力的不断增强以及城市功能的迅速提升，上海城市发展已步入创新转型的新阶段，上海产业对外扩张性转移，以及城市功能对外辐射的内在需求日趋强烈，产业外移和城市功能辐射的步伐也不断加快。在上海产业扩张性外移过程中呈现出四大特征：一是产业转移的不再是对劣势产业生产流程的全部转移，而是将部分比较优势弱化的产品或生产环节向外转移；二是转移方式从单企业的随机性转移向多企业的目标性转移转变，产业转移更强调产业配套以及集群效益的发挥；三是转移选址从重廉价要素的一维因素向重经济联系的多维因素转变，更加重视经济联系、重视便捷商路、重视区域配套以及重视优势互补等；四是转移机制从"此消彼长"的交易机制向"此优彼增"的共享机制转变。上海产业对外扩张性转移的新趋势和新要求不仅为启东承接外溢双创资源营造了空间和对象，更为启东全面接轨上海提供了契合点。

启东是一座靠江、靠海、靠上海的城市，一座集黄金水道、黄金海岸、黄金大通道于一身的城市，一座被"一带一路"、长江经济带、长三角一体化、江苏沿海开发、上海自贸区建设等多重战略机遇叠加覆盖的城市。启东地处上海之北，紧邻上海市崇明区，与上海地缘相邻、经济相融，具有得天独厚的发展优势。启东与上海直线距离仅50公里；至上海自贸区只需35分钟，到浦东国际机场仅需50分钟，启东正全面融入上海一小时都市圈。启东土地资源丰富，是全国较早实施科学用海的城市之一，近年来通过围海造地形成建设用地12万亩，后续可形成建设用地近100平方公里。启东不仅与上海近在咫尺，还拥有基础雄厚的产业优势，如何认真研究现代城市技术转移的途径与规律，促进高新技术在启东的成果转化，做好全面接轨上海这篇文章，首要在于清楚地认识启东承接上海双创资源外溢方面有四大优势。一是启东具有较强的综合经济实力，并在

经济结构升级过程中，具备了对上海双创资源外溢的承接力。多年来，启东通过大力发展开放经济、民营经济，打造特色产业集群、重点产业基地，综合经济实力得到了快速增强。经济实力的快速提升，使得启东的社会结构、居民消费结构、服务发展体系等方面不断升级，部分结构甚至与上海逐步接近，启东具备了对上海双创资源外溢承接力。二是启东以科技创新为先，加速推进平台载体建设，有效吸聚上海双创资源。市政府深入落实国家、省和南通支持重点开发园区、合作园区发展的政策，加快推进八大园区平台高端化转型，增强平台经济对区域的辐射带动力。以北京大学生命科学学院华东产业研究院等十大创新功能平台打造为重点，努力建成沪苏区域协同创新创业的试验区、上海科技孵化成果转化的加速区和上海创新创业资源外溢的最佳承接区。三是启东坚持产业合作为要点，加快助推产业转型升级。抢抓上海优质产业溢出的时间窗口，加快建设江海产业园、上海自贸区启东产业园、上海自贸区启东生物科技创新协作园、浦东祝桥启东产业园、张江生物医药基地启东产业园等沪启合作共建园区，积极引进上海高新技术和产业信息化发展成果，优先承接生物医药、节能环保等先进制造业，加速打造先进制造业集聚的新高地。加快建设休闲旅游城市，深入推进沪启旅游一体化发展，积极承接上海迪士尼辐射带动效应，打造"迪士尼下一站"。四是启东已拥有具有品牌影响力和雄厚实力的特色产业，具有与承接外溢资源的良好匹配性。启东目前已形成了电子信息、海工船舶、电力能源、精密机械、电动工具、医药化工、纺织服装、临港产业等八大支柱产业，且产业结构正朝向着由行业分散发展到产业链整合集聚发展转变、由行业空间分布零散到建立园区共同规划发展的方向转变。特色产业集群化发展构筑启东的产业优势，使启东与上海的产业联动营造了良好的互补关系，将有助于形成产业链延伸、产业环节外包、创新成果市外产业化等方面的对接。与此同时，启东相比上海而言，具有明显的要素比较优势，土地开发空间潜力巨大，拥有203公里江海岸线，60多万亩滩涂，是长三角具备开发潜质最大的空间之一。

二、启东承接上海双创资源外溢的现状

近年来，启东与上海已经形成一些对接或联动发展的平台或机制，稳步承接上海创新创业外溢资源，为未来两地对接深化和全面接轨奠定了基础。

（一）畅通渠道，确保双创资源持续对接

启东与上海地理位置相近，历史上人文、科技、经济交往源远流长。特别是崇启大桥开通以来，在承接产业扩张性外溢、资源导入和服务的过程中，启东市委、市政府针对项目引进、人才导入、资源共享等方面完善政策体系、服务环境和保障机制，使得科技对接上海增添有效的政策保障支撑，形成长效机制，取得了一些实质性的发展。一是制定了相关科技创新政策。为了促进启东科技成果转化为现实生产力，规范科技成果转化活动，实施科教兴国战略，推动经济建设和社会发展，根据《中华人民共和国促进科技成果转化法》等有关法律、法规，结合启东实际，制定了相关科技创新政策，在集聚高端人才、激励创新创业、加速成果转化、完善管理制度等方面提出了具体举措，以激励科技人员积极性。二是开展了一系列产学研对接活动。为加强政产学研合作，每年度科技节均邀请上海高校与市内企业进行科技项目洽谈，先后在上海交通大学、华东理工大学等院校举办生物医药、海工装备、精密机械、新能源等专题产学研合作洽谈会10多场，签订产学研合作项目85个，柔性引进专家教授300多人。组织多次专项产学研活动，2017年以来已牵头组织举办上海地区规模化产学研合作洽谈会6次，签约产学研合作项目9个。三是成立了一批产学研合作载体。2010年市政府与上海交通大学、华东理工大学、上海理工大学3所高校建立了国家技术转移联盟启东工作站；2014年市政府与华东理工大学共建了南通功能材料研究院启东产业基地；2016年启东经济开发区与上海交通大学共建了电气电信工程学院启东产业研究院，吕四港镇人民政府分别与上海海洋大学、上海电机学院共建了吕四海洋科技创新中心、电动工具研发服务中心。这些产学研合作载体的建设，加速了与上海科技

接轨的进程。四是转化了一批高科技成果。根据启东"三新三优"产业特色，积极吸引了一大批新材料、新能源、新医药、精密机械及电子等高新技术领域项目成果在启东进行有效转化，多项成果获省级科技计划项目立项，取得了较为显著的经济和社会效益。

（二）促进交流，推进人才信息即时共享

当前，启东全面升级"跨江融合对接上海"工作，深入实施"参与、联动、服务"三大战略，大力推进基础设施、科技创新、产业体系、平台载体、城市功能、工作机制六大对接工程。人才工作作为"科技创新对接"的重要组成部分，在实施方案中也留下了浓墨重彩的一笔。近年来，启东市专门成立人才办公室，多次赴复旦大学、上海交通大学、同济大学、华东理工大学等高校和上海寰球人才交流中心、北美洲中国学人国际交流中心等沪上知名人才中介服务机构，与之探讨政府、企业与上海高校、人才中介的合作方式，以及人才引进落户过程中遇到的问题等事项，密切的往来使得双方的交流沟通逐渐成为一种常态。两地政府之间的交流互动不断加强，启东定期邀请上海市人才部门的领导和专家来启实地考察调研和座谈交流，为启东人才工作"把脉问诊"；主动赴上海召开启东—上海人才资源全面对接专家咨询会，听取上海先进的人才发展理念与战略部署及相关建议、意见。

除了这样的"你来我往"，启东于3年前在上海人才市场设立启东驻上海人才工作站，变传统的"流动招才"为"驻点招才"，派驻专职工作人员定期发布紧缺人才需求目录，收集人才信息，同时专门成立浦东、浦西两个"招才引智工作站"，派驻6名硕士研究生担任引才专员，目前驻沪"招才引智工作站"已增加至4个，更大力度、更大范围招引上海"溢出"产业所带动的各类优秀人才。启东坚持招商引资与招才引智、刚性引才与柔性引才相结合，发挥驻上海招才引智工作站"窗口"作用，建立和上海人才互派交流合作机制，建立高端产业人才资源库，加强与上海在科技、教育、文化、医疗等方面的交流与合作。大力引进"两院"院士、国家"千人计划"专家等各类顶尖人才、领军人才来启创新创业。

（三）搭建平台，探索区域合作新路径

近年来，启东市委、市政府深入落实国家、省和南通支持重点开发园区、合作园区发展的政策，加快推进八大园区平台高端化转型，增强平台经济对区域的辐射带动力。一是加快各类孵化器建设步伐。已初步形成了以电子信息、新能源新材料、光机电一体化、生物医药、软件与服务外包、文化创意为主的产业领域。二是扩大企业研发机构建设规模。全市已拥有国家级高新技术特色产业基地2家，省级产业技术创新战略联盟2个，南通市众创空间1家，国家级企业技术中心2个，省企业重点实验室2个，省企业院士工作站6家，省公共技术服务平台3家，总量均位居南通各县（市）前列。三是深化科技服务产业改革。政府相关职能部门结合国家产业政策及本地实际，加快培育新材料、新能源、新医药、节能环保等战略性新兴产业和高成长性产业，着力打造"三优三新"产业集群。电子信息、化学工业、医药制造、船舶装备和电力能源5个行业增速超过全市平均增速。四是积极探索与上海高校院所建立长效合作机制。依托高校科教资源，强化校地合作平台建设。启东市政府和上海交通大学电信电气工程学院联合共建上海交通大学电子信息与电气工程学院（启东）产业技术研究院，致力于打造科技成果转化基地、高端电子信息和电气工程中试放大基地、人才孵化培育基地、成熟项目产业化承接基地，成为引领电子信息和电气工程产业的高端研究和转化平台。此外，依托上海国家技术转移联盟启东工作站，还引进了复旦科技园、华东理工功能材料启东产业基地、中科院（启东）光电遥感中心等校地合作平台，承接高校优质科研成果产业化。

三、启东承接上海双创资源外溢的困境

虽然启东在承接上海创新创业资源外溢，全面接轨上海上已初见成效，也积累了一些经验，但与潜在的目标和愿望相比，还存在较大的差距。主要体现在以下几个方面。

（一）政策存在行政区域壁垒，缺乏完备的政策保障支撑

启东前期在承接产业扩张性外溢、资源导入和服务的过程中，缺乏针

对项目引进、人才导入、资源共享等方面完备的政策体系、服务环境和保障机制，使得启东全面接轨上海缺少政策保障支撑，不仅使对接成效不明显，而且使承接外溢资源过程难以形成长效机制。人才工作政策尚未形成完整的体系，不能在财税、金融、社保及就业、教育、医疗等方面享受与上海的同等待遇，不能大批吸引上海高端人才来启创新创业。缺乏强有力的科技创新激励性政策，本地集聚人才的载体不够丰富，人才创业服务体系还不健全，科技孵化器、加速器、创业苗圃等创新创业平台在规模、层次、能级上还需进一步拓展。

（二）部分承接领域的现实基础落差较大

从启东承接上海双创资源外溢的领域看，既有启东存在比较优势的领域，比如农产品、旅游、科技、园区、人才等，又有启东发展相对滞后的领域，比如职业教育、物流、服务外包等。对于启东发展相对滞后的领域，两地对接面临能级、标准、要素条件等方面的较大落差，这不仅将束缚对接中的要素流动效率，而且将阻碍对接过程形成持续融合的内生机制。

（三）承接领域的配套体系及环境不完善

积极有效承接上海外溢资源是一个系统工程，不仅要选择合适的突破口，而且也需要相对完善的配套环境。比如，在园区产业对接过程中，不仅仅涉及产业空间布局、土地开发、项目落地，而且涉及投资政策、人才支撑、招商管理等全方位的配套环境。目前，启东与上海虽然部分领域已形成对接机制，但因承接外溢资源领域的配套体系及环境不完善，导致对接过程缺乏可持续性，对接效应的挖掘也受到束缚。

（四）承接上海企业服务外包形势面临严峻挑战

简单地说，外包的意思是"外部资源利用"。服务外包应该是基于信息网络技术的，其服务性工作（包括业务和业务流程）通过计算机操作完成，并采用现代通信手段进行交付，使企业通过重组价值链、优化资源配置，降低了成本并增强企业核心竞争力。启东在承接上海外溢双创资源外部利用的过程中存在一些突出问题：一是苏州、无锡等先进地区纷纷加大了与上海服务外包对接，形成了巨大的竞争压力；二是启东与上海服务外包发展阶段存在明显差异，可能形成"马太效应"；三是启东服务外包发展的规划及制度环境建设相对滞后；四是启东服务外包企业规模偏小、整体水平不高、承接业务大多属于低端。

（五）承接双方科技对接层次和模式有待丰富

校企双方在对接中追求的共同目标和价值不尽一致，高校、科研院所的研发更关注其研究成果的科学价值和技术的先进性，甚至以追求发表高质量的论文为目标；企业研发则以市场需求为导向，在当前市场竞争非常激烈的形势下，要求技术开发"快、准、省"，主要关注新技术、新产品能产生多大的经济效益。高校院所与企业的追求目标的差异和不同价值取向给技术合作和成果转化造成一定的障碍。总体而言，科技合作的层次偏低，对接模式偏于单一，主要表现在：一是绝大多数企业是通过委托开发、合作开发、技术转让等方式利用上海科技资源，基本上是上海高校和院所出人才和技术，企业出课题和资金，缺乏从长远考虑共建高层次的合作实体。二是企业单纯引进技术或者生产线，对企业技术开发人员的培养和高素质人才的引进不足。三是科技对接还主要局限在企业与高校、科研院所在单个项目上的"点对点"合作，共建科技园区、对接科技平台等方式利用不足。

四、启东承接上海双创资源外溢的建议

（一）做好顶层统筹规划

有力的政策支撑是推动启东承接上海双创资源外溢的重要保障，要充分发挥规划在全面接轨上海目标中的战略导向作用，有效推动承接资源及加强合作的有效性和协调性、可操作性。

SWOT分析又叫优势、劣势、机会、威胁分析，启东应当认真分析自己优势、劣势，面临的机会和威胁，也要认真分析上海的优势、劣势、机会和威胁，要进行动态分析，不仅要分析当前态势，更要科学预测未来变化趋势。严格来说，上海过去相当一段时间内对江苏地区的技术辐射效应并不强，究其原因，由于上海周边地区的人才受到上海较高的工资报酬、更多的

发展机会及企业成长性好等条件的吸引，大批流向上海，造成上海市周边地区人才的"虹吸"效应。但从当前现状来看，由于上海房价的持续上涨，生活费用昂贵和糟糕的空气、交通等原因，这些人才回归上海周边的趋势在增强。上海日益上涨的土地价格、越来越拥挤的空间等因素，促使上海的双创资源必须在上海以外地区找到转化的基地，这给启东带来了极大的机遇，启东各种条件便利，有利于降低上海技术成果转化的成本，应当立足实际情况，抓住机遇，有所为有所不为，制定科学的科技发展规划，做好统筹谋划。

（二）强化产业转移和园区对接

产业政策方面，围绕园区产业定位，启东市政府要制定具体产业发展目标，加大对主导产业的支持，增加相关企业的扶持力度，培育市场需求，共同推动两地产业的发展。金融扶持方面，积极推进各类贷款担保基金和贴息资金向合作园区倾斜。积极支持启东中小金融机构改革发展，推动商业银行在合作对接园区设立机构、拓展业务。对设在合作园区的商业银行分支机构，扩大信贷转授权，纳入小企业信贷试点范围。鼓励银行业金融机构加大对合作园区的信贷投放力度，提供高效的融资和结算服务。积极推动园内企业上市、发行中长期债券和短期融资券。

（三）提高科技招商的有效性

要密切与上海地区高校、科研院所、重点科技服务机构的合作，他们承担了大量的国家重点科研项目，每年产生大量的科研成果，是科技成果的主要输出者，自然应该成为启东市科技招商的主要目标和对象；同时，上海地区的一些孵化器，一些优秀的毕业生由于所在城市的生产要素成本太高，无法在当地获得足够的发展空间，而启东所具有的区位优势是吸引这些项目的最佳地区，因此，一定要拓展科技招商的形式，提高科技招商的有效性。同时基于产品发展机理和上海目标市场真实需求为特征的产品提升规划，要着力培育或将建设好的旅游产品通过向休闲、体验类产品提升与转型，形成启东旅游的市场竞争力，提升上海双创资源落户启东的吸引力。

（四）加快政产学研常态化合作

下阶段，将着力提高政产学研合作层次，根据启东产业特色和企业需求,发挥好政府、高校的桥梁纽带作用,积极组织各支柱产业共性技术、关键技术、前沿技术联合攻关,提升产品的科技含量,拉长特色产业链,培育更多的科技型企业。同时积极收集全市企业重点技术难题与技术需求,与上海地区各高校、科研院所建立起"优势互补、分享共赢"的校企常态化合作关系。积极开展高校院所对接专项行动,吸引高校院所科技成果到启东直接转化;引导启东大企业与高校院所共建创新载体;推进产学研——产业技术联盟合作对接,尽快搭建既符合启东实际,又易于操作的科技成果集成综合信息服务平台。

(五)加快科技创新平台建设

搭建创新服务平台与高新技术孵化器创新服务平台是把各创新资源和创新条件整合成有机统一体的一系列"软""硬"要素的集合体,是服务企业等创新主体创新活动的公共结构,是有效沟通创新资源供给方、需求方的桥梁和纽带,信息共享与资源共享是核心功能。高新技术孵化器是分解创新风险,促进新技术转化的重要方式。启东应当通过搭建创新服务平台、与上海合作组建高新技术孵化器的方式,加强与上海的技术交流与合作,降低信息不对称程度,吸引上海科技孵化成果到启东产业化,促进高新技术成果在启东转化为生产力;开展科技园区对接专项行动,建设上海品牌科技园区启东分园,共享上海品牌科技园区公共服务资源;创新创业服务资源对接专项行动,组织对接上海科技服务中介组织,引入上海虚拟园区创新创业服务资源。

(六)打造一支高水平的创新人才队伍

高水平的创新人才队伍是科技产业的基础,要通过培养、引进、交流等多种方式提高人才的数量和质量。加大教育投入,提高人力资本素质。在加大政府对教育投入的同时,应积极运用民间资金发展多种类型和多种层次的教育。鼓励和大力发展各种岗前培训、在职培训和技术培训,改善和提高目前的人力资本状况,积极推行用人制度改革,采取积极有效措施,鼓励各类优秀人才的聚集。启东还可以利用地域优势,定期开展协作交流活动,鼓励上海高水平专家到启东挂职交流,促进知识转移,充分整

合上海地区各高校、科研院所的科技人才资源优势，为科技成果转化、人才交流合作、科研载体建设、决策咨询、国际合作交流提供有效服务，建立更加紧密的合作关系，为启东经济社会发展提供强有力的科技、人才支持。进一步加强城市基础设施建设和医疗卫生服务体系建设；进一步完善外地人才子女教育服务，优化启东文化产业环境，为人才培育情感和想象力，激发创造潜能和活力奠定基础，为培育和形成开放、宽容、色彩多样的地域文化，给外来人才生长、发展开辟空间。

（七）提高启东技术基础与知识吸收能力

技术接受方必须拥有足够的技术基础，在此基础上才可能培育相应的知识吸收能力。知识吸收能力包括知识获取能力、知识消化能力、知识转化能力和知识开发利用能力，其中，知识获取能力是指企业接近外部知识源、并通过某种方式搜寻、评估和获取新知识的能力；知识消化能力是指企业理解和解释所获得的外部新知识的能力；知识转化能力是指外部知识在企业内流动和扩散，与现有知识有效融合并产生新知识的能力；知识开发利用能力是指将转化后的知识应用于企业的经营实践，有效把握和开发市场机会，并产生商业化成果的能力。要提高启东技术基础和知识吸收能力，需要提高员工素质，组建高水平的科研队伍，积极组织研发活动，吸取先进地区的经验，同时还要改进组织模式，建立学习型组织，让启东掌握高质量和高密度的社会资本。建立启东与上海服务外包对接机制，加强启东与上海服务外包专业园区的对接，通过溢出效应，使得技术、信息、人才、政策以及相关产业要素能够充分共享，进而提高启东服务外包产业的竞争力；加强启东与上海相关行业协会的对接，提升服务外包企业的层次与质量，切实推进上海与启东服务外包企业又好又快发展；加大服务外包发展的政策支持力度，营造发展服务外包产业的良好环境。

（作者：沈衍冰，启东市人大常委会办公室；沙俊杰，启东市人大常委会办公室）

关于加快推进南通建设花园城市的若干建议

党的十九大把坚持人与自然和谐共生作为基本方略，再次吹响了"建设美丽中国"的号角。日前，省委书记娄勤俭在南通调研。他指出，南通在国家大战略中抓住机遇、放大优势，发挥更大作用，努力打造全省高质量发展的新增长极。基于省委赋予南通争当"一个龙头、三个先锋"的新使命，市委市政府深入开展了"解放思想、追赶超越、争当先锋，推动高质量发展"大讨论。南通提出要建设成为"宜居、宜业、富有魅力的花园城市"，把杭州作为了建设"花园城市"学习、追赶的对象。上有天堂，下有苏杭。杭州是一座天然的全域式花园城市。南通要通过认真审视自身存在问题和差距，理清发展优势，结合自身实际，借鉴和吸收南通值得吸收的杭州经验，把标杆定准确、立起来，确定战略目标、具体路径和关键举措。

一、南通建设花园城市的战略意义

一是实现南通高质量发展的必然途径。我国经济已由高速增长阶段转向高质量发展阶段，要大力推动我国经济实现高质量发展。高质量发展是一个系统工程，建设花园城市包含了城乡建设高质量、文化建设高质量、生态环境高质量和人民生活高质量等内容。南通以花园城市建设为目标，是系统化推进南通"六个高质量"发展的必然途径。

二是实现人与自然和谐共生的内在要求。当前，我国社会主要矛盾已经转化为人民日益增长的美好生活需要和不平衡不充分的发展之间的矛盾。"花园"寄托着人们对美好生活的向往，南通建设林木葱郁、四季花果、虫鸣鸟语、气候宜人、水清岸绿、宜居宜业的花园城市，打造人、城市和自然相互依存、相互影响的良好生态系统，也是实现人与自然和谐共生美丽南通的内在要求。

三是对张謇近代城建思想的延续。1895年，清末实业家、教育家张謇先生运用先进规划理念，创造性地构筑了南通"一城三镇、城乡相间"的城镇组团布局，南通花园城市的早期探索甚至比近代城市规划先驱霍华德的田园城市理论还要早三年。在新的时代背景下，南通提出建设花园城市，既是对张謇田园城市规划思想的借鉴和发扬，也是对其的传承和延续。

二、杭州发展的经验

杭州有西湖泛起的波光粼粼，有钱江潮卷起的惊涛骇浪，有一曲溪流一曲烟的西溪湿地，有百舸争流的京杭大运河。意大利著名旅行家马可波罗曾把杭州誉为"世界上最美丽华贵的城市"。杭州建城历史悠久，历经山林城市、山水城市、江湖城市和城湖合璧，已经从西湖时代的"三面云山一面城"迈向以钱塘江为轴的大山水城市格局。近年来，杭州提出打造全域花园式城市，在推进规划引领、展现山水魅力、做优绿地景观、绿植美化彩化、体制机制创新等方面特色鲜明，成果丰硕，可为南通建设花园城市提供一定的经验和借鉴。

1. 实施拥江发展战略，推进规划统筹引领

一是顶层战略引领。按照《关于实施"拥江发展"战略的意见》，制定实施了杭州市拥江发展战略规划。积极开展"四年行动计划"，扎实打造自然生态带、魅力文化带、公共景观带、综合交通带、现代产业带和宜居城市带。

二是坚持多规融合。杭州高质量推进新一轮城市总体规划和土地利用总体规划编制工作，出台了《"美丽杭州"建设实施纲要（2013—2020年）》。陆续编制和出台了生态环保、绿地景观系统、历史文化保护等城市专项规划。采取"渗、滞、蓄、净、用、排"等源头低影响开发建设的综合措施，积极推进海绵城市建设。

2. 展现江南山水魅力，凸显历史人文韵味

一是彰显山水城市格局。"一江春水穿城过"，"三面云山一面城、一城山色半城湖"是杭州的城市格局。杭州通过将自然本底作为城市特色风貌塑造的基本载体，充分运用山、水、林、园、城等景观要素，使城市各组团、片区镶嵌其中，彰显"城中有山、山中有城，城在林中、林在城中，湖水相伴、绿带环绕"的山水城市特色。

二是展现历史文化独特魅力。充分发挥西湖、京杭大运河世界文化遗产的综合带动效应。西湖是杭州的"根"与"魂"，通过持续提升保护水平，实行全景区对外免费开放，真正实现人人共享西湖。以建设大运河文化带（杭州段）为牵引，实施运河综合保护工程，沿线串联国家森林公园、城市公园和历史文化街区，开通多条水上巴士游线，领略原生态运河人家的慢生活，将运河打造成为景观河道、生态河道、人文河道。同时，还开展了南宋皇城遗址、茶庄群落、馒头山等"杭州城市记忆工程"，打造"有故事的小镇、有记忆的街巷、有味道的院落"。

3. 打造门户生态景观，营造城市绿色空间

一是高标准、高起点打造窗口门户生态景观。如在钱江新城、钱江世纪城等沿江核心区域打造世界级的滨水生态景观；南部白马湖、湘湖一带，打造与西湖风景名胜相媲美的南部大型生态景观；西部建设集休闲观光、历史城镇、民俗文化和自然景观于一体的城市湿地公园——西溪湿地；北部对超山、半山、皋亭山、黄鹤山区域进行生态建设。同时，重点实施了杭州入城道路口绿化美化亮化工程，把大门做得整洁、美观、大气。

二是大力推进"城市增绿"行动。推进城郊公园、社区公园等各类公园建设，精心打造了长桥溪水生态公园、江洋畈生态公园等多个生态治理的样板公园，完善了区域绿地生态系统，营造了城市绿色开敞空间。十年间，杭州新增绿地公园314处。2016年年底，杭州城区绿地率、绿化覆盖率、人均公园绿地面积指标分别达到37.2%、40.7%、14.4平方米，森林覆盖率稳定在65%左右。

三是打造城市精品绿道。重点在"三江两岸"地区、沿山、环湖建设绿道系统，共同串联"山水林田湖"生命共同体。推进沿江生态景观道路建设，提升城区滨水绿地景观。建成了高速公路两侧宽50～100米的绿化带，国省道两侧宽30米以上的绿化带，主要河道两侧合计宽30米以上的绿化带，形成了结构稳定、功能突出的"三网融合"（林网、水网、路网）生态廊道体系。

4. 坚持美化彩化，提升城市颜值

一是加大绿植美化彩化。开展"美化家园工程"项目，布置空中花园和城市阳台，注重植物立体配置和四季变化，促进绿化多结构、多品种、多层次发展。开展立体花坛、自然花境评比活动，举办菊花艺术节、花朝节等花事活动，推动城区绿化向"美化""彩化"迈进。

二是做精城市景观小品。结合三改一拆、城中村改造等工作，布置随处可见的口袋公园、风格独具的人行天桥、围墙上的文化彩绘、人行道上的休憩石凳，将高标准、高要求、高品位体现在每一个公园、每一条道路和每一个细节中，让精致艺韵的微空间传承着杭州的城市精髓。

三是实施沿街立面整治与街容美化。对城市主要公共节点进行"靓化"，开展沿街窗廊视觉提升，清洗粉刷沿街建筑，加强墙面广告牌匾管理，营造色彩亮丽、层次丰富的城市街景。同时，结合城市不同地段风貌和历史记忆，打造最美人文路、工业遗存文化路、鲜花大道、精致门厅、光影画廊等景观特色路街小巷。

5. 加强规划法规约束，共建共享美丽杭州

一是出台专项规划法规。杭州市政府陆续制定颁布了《杭州西湖风景名胜区总体规划（2002—2020）》《大运河（杭州段）世界文化遗产保护管理规划》《杭州市城市绿化管理条例》《杭州市城市绿化管理条例实施细则》《杭州市公园管理条例》等10余部地方性法规文件，出台了分片区的建筑色彩管理规定，建立了较为完善的法治保障机制。

二是倡导全民共治模式。杭州力图从追求环境品质提升，到促进城市功能结构调整和市民生活品质提高，从自上而下到自下而上，再走向上下

结合，实现政府管理向城市治理、全社会共同参与的模式转变。各部门积极行动，制定多项导则细则，推动城市治理进入精细化阶段，从偶发性和运动式走向常态化和法制化，实施长效治理。

三、南通建设花园城市的关键举措

2016年，南通市委市政府提出建设"三城同创"的宏伟目标。"三城同创"，花园城市是统领，是新时期南通四大战略定位中最具内涵的要素。花园城市超越了传统的"城市"概念，体现了人类不断增长的物质需求和对美好生活的向往，体现了生态环境与经济发展、人与自然之间的和谐统一性，体现了新发展理念的内涵。目前，从已有研究成果看，对花园城市的内涵揭示还未形成共识。笔者认为，花园城市建设不能单一化，它应当包含城市功能布局、生态环境系统、绿地景观系统、历史文化内涵、城市综合品质、城市交通网络、园林植物配置、公共服务设施、城市综合治理等诸多内容。

近年来，南通先后出台了《南通市"三城同创"工作行动方案》《南通市生态园林城市行动方案》和《南通市国家森林城市行动方案》等一系列重要文件，城市面貌的变化得到广泛认同，城市发展进入了新的境界，生态宜居城市雏形初显。但是，南通在建设花园城市过程中还面临诸多问题和挑战，如顶层规划设计缺乏、特色文化资源有待挖掘、绿化景观地域特色淡化、行道树种不丰富、林荫效果一般、城市治理体制机制缺失等。在下一阶段的规划建设中，南通要积极借鉴杭州经验，紧紧围绕花园城市内涵要素中的重点领域，在顶层规划设计、山水特色文化、绿地系统品质、园林景观内涵、体制机制创新等方面重点突破，把南通建成真正具有江风海韵、适宜人居的"泛公园化""泛田园化""泛森林化"的国内一流、国际知名的现代花园城市。

1. 顶层设计与专项规划相结合，塑造特色空间轴线

一是完善城市规划内容。南通要围绕"花园城市"的建设目标，应从市域城镇体系规划到城市总体规划，从城市建设的各类专项规划到详细规

划，及时做好调整工作。重点推进城市总体规划2035版修编工作，围绕打造中心城市功能核和景观核要求，编制完成中央创新区、五山片区等重点区域的相关规划。

二是探索"顶层设计"模式。南通要积极借鉴杭州顶层引领、多规融合的经验，组织相关部门牵头编制《南通建设花园城市总体规划》，加快落实《"三城同创"工作行动方案》，有序推进花园城市建设。按照多规合一，统筹协调的原则，做好《南通市绿地系统规划》《生物多样性保护规划》《城市湿地资源保护规划》《城市绿道建设规划》《海绵城市规划》《南通市花规划》等相关专项规划的编制工作。

三是优化城市特色空间轴线。南通是典型的中国传统城池布局结构，以钟楼、谯楼（衙署）为中心，从轴衙到狼山构成了南北的城市空间轴线，沿长江岸线形成了天然的滨水轴线，"一城三镇、城乡相间"的组团式布局，形成了组团间的空间轴线。南通要延续和明晰传统的特色空间轴线，进一步打通钟楼至狼山的视觉通廊，美化滨江生态轴线和各组团片区间的轴线关系，挖掘和丰富新的城市空间景观轴线，营造良好的城市景观界面。

2. 挖掘城市特色资源，凸显城市个性与历史记忆

一是彰显山水资源优势。自然生态是花园城市最具基础性和主导性的体现。南通要积极借鉴杭州塑造大山水格局的经验，进一步放大濠河、五山和滨江特色。积极整合五山地区生态资源，以佛教文化和地域文化为内涵，以生态涵养为目标，打造具有山水览胜、生态培育、文化传承等综合功能的城市绿肺。军山自然生态区具有丰富的野生动植物资源，建议已建成的军山植物园要继续提升品质，在保护生物群落多样性方面下功夫，确保军山原生态系统永久保留下来。濠河是南通城市的"翡翠项链"，要以严格保护现有绿地和湿地生态系统为基础，挖掘周边近代历史文化资源，丰富环濠河博物馆群文化内涵，形成以"水抱城、城拥水、城水一体"的自然景观与人文景观相结合的敞开式城市风景区。滨江地区要打开沿江视觉空间，将生态性的滨水游憩休闲整合纳入城市的商业、旅游职能中，打

造滨江风光带，展现具有南通特色的沿江风貌。

二是凸显城市的独有个性。城市特色是一个城市有别于其他城市的差异性。文化是城市之根，也是城市个性之所在。要学习杭州展现历史文化独特魅力的经验，南通的城市个性要体现"中国近代第一城"和"江海水文化"，彰显"山水兼具、江风海韵"的鲜明特色，凸显江海平原水乡的河湖文化，打造具有近代传统历史风貌和现代文明交相辉映的城市性格。

三是构建独特的水系脉络。南通要主打主城区绿色生态核心，畅通"文脉、水脉、绿脉"，构建"两圈八湖、通津九脉"的水系布局。在濠河第一生态圈基础上、推进两河两岸景观带建设，加快构建通吕运河—海港引河第二生态圈。在市区新建白龙湖、静海湖等8个面积较大的人工湖，通过河湖贯连形成"碧波绿带绕通城"的水生态景观。同时，以濠河为核心，在通扬运河、南川河、城山河等九条重要水系两岸，植入南通历史文化资源保护、展示与传承功能，从而形成连接主城区的主要生态斑块和主要人口集中分布区的文脉。

3. 优化城市绿地系统，提升城市综合品质

一是完善城市绿地系统。南通要积极实施沿江、沿湖、沿河等绿化工程，优化城市绿网、路网和水网，合理布局绿核、绿楔、绿环、绿廊、绿带，加强防护绿地和生态屏障建设，构建多层次、多功能、复合型的城市绿地系统，与山水林田湖有机连接。

二是打造特色公园绿地。南通要积极学习杭州增绿行动、生态湿地修复、景观小品精致化等方面的经验，结合旧城改造、环境整治、土地收储等项目，增建一批高品质的主题公园、郊野公园、森林公园、湿地公园和街头小游园。通过人性空间的塑造、标志性雕塑的创作、特色文化要素的植入等手段，在做精、做细、做巧上下功夫，提升城市微空间和街景小品品质，提高城市综合文化品质和环境宜居度。至2020年，力争市区林木覆盖率达到35%，建成区绿地率和绿化覆盖率分别达到40.6%和43.8%，公园绿地服务半径覆盖率达90%以上，满足市民出行"300米见绿、500

米见园"的要求。

三是构筑城市绿道慢行系统。南通要积极学习杭州在城市精品绿道建设方面的经验,选择沿河、沿江、沿湖生态环境较好的区域,推进绿色生态廊道和绿道建设,制订《城市绿道建设行动计划》。因地制宜地布置较为完善的步行专用道和公共自行车系统及配套设施,构建与南通"一城三镇"布局特色、山水城市格局相符的绿色慢性系统,形成完善的绿色开放空间体系。重点在环濠河、"两河两岸"和滨江地区,建成以慢行步道和观光道为主体的绿道慢性系统100公里以上,将优良生态资源留给公共空间使用。

4. 提高植物景观配置水平,丰富景观路特色内涵

一是加大绿植美化彩化力度。南通要积极借鉴杭州"美丽家园工程"的经验做法,增加观赏价值高、观赏效果佳的花灌木和宿根花卉,提高美化彩化程度。根据实际需要配置生态性强、群落稳定、景观优美的彩叶树种和地被草坪。园林景观、绿色植物种植不断向美化、彩化和香化升级,营造出良好的景观效果。

二是增加植物景观多样性。遵循因地制宜原则,根据观花植物、观叶植物、观景植物等不同类型,结合季节和环境合理配置,如乔灌花草相互搭配,常绿与落叶树种相结合,构造出复式多样化植物群落。加强菊花、月季花、竹类植物等地方性、乡土性、历史性和稀缺性植物品种的培育和应用,着力保护古树名木。重视通派盆景申遗工作,提升城市园林文化内涵。

三是打造特色林荫景观路。南通要积极学习杭州在沿街立面改造、特色景观路方面的经验,按照"一路一树""一地一色"等方法,以主打树种、花卉为风格,集中树木园艺品种大全,讲究层次感、序列感,注重细节化设计,形成"一路一景",建设不同类型具有高品位的特色景观路。做优做美城市对外出入口、快速路、主次干道两侧绿化景观,淘汰病弱、低矮行道树,优先选用冠大荫浓、适应性强、形态优美的速生树种,提升景观路林荫效果,打造绿化覆盖率90%以上的林荫景观路,至2020年林

荫路推广率达到85%以上。

5. 完善政策法制建设，推进体制机制创新

一是完善组织领导机制。南通要借鉴杭州在规划体系构建、政府管理组织方面的经验，统筹协调好花园城市建设涉及的各部门，建议由市政府牵头，成立南通市花园城市建设委员会，统筹推进和指导监督好"美丽南通"建设的各项工作。以"三城同创"行动计划的重点建设项目为基础，尽快出台《南通市建设花园城市总体规划方案》，并将主要任务纳入经济社会发展规划，与城市总体规划、土地利用规划等有效衔接，明确近期的重点任务和实施方案。

二是加强法律法规约束。南通要强化花园城市、美丽南通法治建设，尽快出台南通建设花园城市的地方性法规，完善和补充花园城市建设中所涉及的生态环保、园林工程、历史文化、社会治理等内容的专项法规内容，逐步建立完善的法制保障和监督机制，推动南通花园城市建设的有序进行。

三是创新城市治理模式。南通要学习杭州全民参与城市建设的经验，坚持以现代、高效、人性化为主导，探索花园城市管理新模式，以良好的宜居宜业环境，增强市民幸福感、获得感和归属感。加快转变传统的城市治理思路，注重功能、环境、社会、文化的综合提升，建立政府、规划设计师、专家和市民的全民参与机制，真正实现"问计于民、人民共治"。

未来，南通在借助"中国近代第一城"的城市名片，在张謇"一城三镇"的城镇布局基础上，在追求诗情画意和地域文化内涵上做文章，放大自身优势资源，以"科学的内涵、艺术的外貌、文化的底蕴"为建设理念，以"人民满意、历史记忆"为建设目标，创造自己的"功能差异""文化差异""景观差异""植物差异"和"治理差异"，在全国甚至全球范围内开创花园城市建设的"南通模式"。

（作者：刘峻源，南通大学江苏长江经济带研究院助理研究员，博士）

以生态优先绿色发展为引领，实现南通沿江生态高质量发展

> **摘　要**　2018年4月26日，习总书记在武汉主持召开深入推动长江经济带发展座谈会并发表重要讲话。他强调，"长江经济带建设要共抓大保护、不搞大开发，不是说不要大的发展，而是不搞破坏性开发，要走生态优先绿色发展之路，实现科学发展、有序发展、高质量发展"。未来，南通要认真贯彻落实习总书记重要讲话精神，以"生态优先、绿色发展"核心理念为指引，努力实现南通沿江生态高质量发展。

2018年4月26日，习近平总书记在武汉主持召开深入推动长江经济带发展座谈会。他强调，必须从中华民族长远利益考虑，把修复长江生态环境摆在压倒性位置，共抓大保护、不搞大开发。新时期下推动长江经济带发展，关键是正确把握"五大关系"、做到"三个坚持"、实现"一个加强"、推动"高质量发展"。5月2日，江苏省委书记娄勤俭就深入落实长江经济带发展战略进行专题调研，要求认真贯彻落实新发展理念，着力探索生态优先、绿色发展的新路，推动全省高质量发展。在中央和省委贯彻落实长江经济带新发展理念的指引下，南通沿江地区以生态优先、绿色发展为引领，实现生态高质量发展，将有利于促进江苏扬子江绿色城市群的协同发展，有利于推动沪通生态协同前沿阵地的快速建设，有利于呼应南通建设上海"北大门"的战略要求。

一、南通沿江地区发展现状

南通沿江地区地处长江入海口,是扬子江绿色城市群下游门户,包括南通市区、海门、启东城区以及26个建制镇,总面积约3 000平方公里。南通长江岸线总长226公里,占全省长江岸线的19.3%,沿江生态保护面积达1 700平方公里,占市域总面积的20.2%。按照国家主体功能区、"一带一路"、长江经济带发展等重大战略要求,市委市政府对沿江地区的生态建设、传统产业、现代农业和特色城镇等方面实行了一系列举措,成效显著。但对照"共抓大保护、不搞大开发"和"生态优先、绿色发展"核心理念的要求,目前南通沿江地区的生态发展仍面临一些问题和挑战。

(一)生态环境问题有待完善

目前,南通沿江现有生活岸线6.8公里,生产岸线98公里,生态岸线20.9公里,沿江岸线开发利用率较高,生态、生活岸线空间局促。沿江现有76家低端企业、36个危化品码头和5家化工园区,沿江各县(市)分散式布局的化工企业及化纤、钢丝绳、船舶、纺织等企业数量多,引发的环境隐患较多,环境风险防控任务重。同时,城市生产、生活所排放的污染物、废弃物,对生态环境造成了严重威胁。

(二)产业技术高新化有待提升

目前,沿江地区产业集聚程度不高,产业类型以海工船舶、装备制造等重工业为主,信息技术、智能产业等代表时代步伐的高新技术应用产业规模偏小,科技成果转化能力不强,整体上产业结构还不尽合理,大多数产品处于技术链和价值链的中低端,缺乏完善的产业链,尚存在一定数量的污染企业和落后产能。

(三)农业示范精品化有待拓展

目前,区域农业物质装备和技术水平还不高,发展方式较为粗放。高标准农田和国家现代农业示范区建设还处在起步阶段,农产品综合生产能力不高。同时,农业清洁生产、绿色农业污染控制、无公害农产品、绿色食品规模化程度较低,都市农业和休闲农业发展不成体系,特色化、精品

化程度较弱。

(四) 旅游观光多样化有待挖掘

目前，区域旅游产品较为单一，主要集中在自然景观的游览，缺少具有较大影响力的人造景点或大型综合性游乐设施。旅游的相关产业链发展还不成熟，"吃、住、行、游、购、娱"六要素尚未形成高效互动，旅游综合服务水平有待提高。

(五) 城镇建设特色化有待加强

目前，沿江各主要城镇都拥有自身的产业优势，但同质化发展趋势明显，比如如皋长江镇和启东寅阳镇均选择发展临港产业和休闲旅游，缺乏区域整体的有机协调与分工；自身的优势资源和特色未得到充分挖掘，区域内还缺乏具有一定影响力和竞争力的特色小镇。

二、南通沿江生态高质量发展的关键路径

未来，南通沿江地区需紧紧围绕总体战略定位、生态保护、科技创新、现代农业、特色城镇和对接上海等方面，努力实现沿江生态高质量发展，积极助推长江经济带绿色协同发展，呼应扬子江绿色城市群和上海崇明世界级生态岛建设。

(一) 打造"四带共融"的沿江生态带

一是明确顶层设计目标。习总书记指出，"要做好顶层设计，脚踏实地抓实效"。南通沿江地区要积极实施"生态+"发展战略，增加生态资产，减少生态负债，发展生态经济，沿江1公里范围内的化工企业和化工园区得到全面清退，低端落后产业全面退出，沿江港口生产岸线实现有序转移，城市生活、生态功能向长江岸线逐步推进，建成在省内具有示范引领作用的生态休闲、科技创新、现代农业和特色城镇典范区。

二是架构区域总体空间布局。习总书记强调，"正确把握总体谋划和久久为功的关系，坚定不移将一张蓝图干到底"。南通沿江地区以长江岸线为伸展方向，以生态风光带作为区域发展的生态基底和核心功能，引领各大生态功能区、科技创新区、现代农业示范区和特色城镇的发展，形成

天蓝、地绿、水清的生态风光带、科技创新带、现代农业带和特色城镇带"四带共融"的总体空间布局。

三是完善生态带建设指标体系。党的十九大报告指出："要实行最严格的生态环境保护制度。"南通沿江地区要参照《南通市生态文明建设》《南通市"十三五"环境保护规划》《崇明世界级生态岛发展"十三五"规划》的多项指标，结合区域发展实际，按照生态环境、科技创新、现代农业和特色城镇4大类建立生态带建设指标体系，有计划、有步骤地系统推进南通沿江生态带的建设。

（二）建设生态保育观光核心区

一是加大生态环境保护力度。习总书记指出，"全面做好长江生态环境保护修复工作"。南通沿江地区首先要严守生态保护红线。加强生态空间源头管控，实行最严格的产业、环境及用地准入制度，确保生态功能不降低、面积不减少、性质不改变。其次，加强江滩及通江河流、湖泊等重要湿地保护，构建沿江湿地保护网络体系。重点打造南通主城区绿色景观核心，形成濠河第一生态圈、通吕运河—海港引河第二生态圈，构建"两圈八湖九脉"生态格局，将启隆、海永作为生态保护引领区进行整体保护，与上海崇明世界级生态岛规划一体、环保共治、生态协同。

二是加强区域环境整治。习总书记指出，"推动长江经济带绿色发展，关键是处理好绿水青山和金山银山的关系"。南通沿江地区首先要深入开展危化品码头和仓储企业专项治理，优化整合沿江化工园区。严禁在长江沿线新建石化、煤化工等中重度化工项目，推动沿江既有化工项目逐步向沿海地区有序转移。其次，强化水环境综合治理。要加强饮用水水源地保护区环境整治和沿江应急备用水源地建设，加大沿江工业企业排污口综合治理和监管力度。进一步畅通河网水系，治理黑臭水体，确保沿江饮用水安全。最后，合理开发整合岸线资源。加快沿江港区的分期转移和整合，推动船舶制造、海工设备等港口生产岸线退出港口货运功能，实现功能疏解，生活、生态岸线空间稳步增加。

三是打响生态旅游品牌。党的十九大报告指出："良好生态环境是最

公平的公共产品,是最普惠的民生福祉。"南通沿江地区首先要加大五山地区生态资源整合力度,加快南通植物园、五山森林公园、苏通大桥"航母世界"等旅游景区建设,依托海启生态保护区湿地和水面资源,打造沿江生态精品特色游。其次,要加快城市公园绿地建设,构建以滨江汽车观光道和慢行步道为主体的沿江绿道系统,以此连接长青沙—开沙岛旅游度假区、狼山风景区、老洪港风景区、圆陀角旅游度假区等生态板块,打造沿江绿色生态屏障。

(三) 创立高端科技创新基地

一是加快推进产业技术突破。习总书记指出,"正确把握破除旧动能和培育新动能的关系,推进长江经济带建设现代化经济体系"。南通沿江地区要积极参与江苏"一中心""一基地"建设,深入推进中国制造2025南通实施纲要,以产业中高端为主攻方向,围绕"3+3"重点产业全过程部署创新链和服务链,实施一批重大产业科技专项,不断增强南通高端纺织、船舶海工、电子信息、智能装备、新材料、新能源及新能源汽车、航空航天、生物医药、节能环保的创新能力和国际竞争力。

二是强化企业创新能力。党的十九大报告指出:"建立以企业为主体、市场为导向、产学研深度融合的技术创新体系。"南通沿江地区要加大政策引导,切实将创新资源引入企业,构建以高新企业为主的创新型企业梯队。实施高新技术企业培育行动计划,提高企业研发机构创新水平和支撑企业转型升级的能力。遴选规模大、带动强的高新技术企业,按"一企一策"方式予以重点扶持,着力打造一批具有国际影响的创新型领军企业。

三是打造创新型科技园区。党的十九大报告指出:"创新是引领发展的第一动力,是建设现代化经济体系的战略支撑。"南通沿江地区要积极推动高科技研发产业向中央创新区集聚,推动电子信息、新能源等先进制造业科技成果转化,加强与上海科创中心、省产业科创中心、苏南科创园区的合作,重点建设海启生态产业融合园和启东生命健康科技城等一批创新创业应用园区,进一步强化新材料产业园、高端纺织产业园、新医药产业园和海工船舶产业园的功能布局,围绕特色产业和专业技术领域引进和布局一批国家一流研发机构，加快形成三个千亿级创新型产业集群。

（四）构建高效现代农业示范基地

一是推进高标准农田建设。党的十九大报告指出："构建现代农业产业体系，发展多种形式适度规模经营，实现小农户与现代农业有机衔接。"南通沿江地区要深化农业供给侧结构改革，加快发展多种形式适度规模经营，提升农业物质装备和技术水平，打造一批机械化水平高、科技含量高、生产经营水平高的国家现代高效农业样板区。推广农业清洁生产，推动无公害农产品、绿色食品、有机食品规模化发展，全面提升"菜篮子""米袋子""花园子"供给能力和水平，走产出高效、产品安全、资源节约、环境友好的农业现代化道路。

二是提高农业物质装备水平。党的十九大报告指出："加快推进农业农村现代化。"南通沿江地区要协调推进现代农业生产各领域、各环节机械化，调整优化农机装备结构，推广先进适用农机新机具、新技术，加强农机服务体系建设，培育市场化农机服务组织，积极探索并逐步规范与现代农业相适应的农机社会化服务模式。

三是培育现代休闲农业。党的十九大报告指出："促进农村一二三产业融合发展，支持和鼓励农民就业创业。"南通沿江地区要大力发展生物农业、精准农业和智能农业，推广田园综合体、市民农庄等新模式。促进农业园区提档升级，建设一批综合功能较强的万亩现代农业标准园、农产品加工集中区、农产品商务示范基地和农产品出口示范基地。重点培植市三星级以上或年经营收入500万元以上休闲农业项目。大力发展都市农业和休闲农业，打造休闲观光农业示范园。

（五）培育生态特色城镇先导区

一是构建多层级城镇等级体系。党的十九大报告指出："以城市群为主体构建大中小城市和小城镇协调发展的城镇格局。"南通沿江地区要建立以南通城区为中心城市，海门城区和启东城区为二级中心城市，长江镇、平潮镇、张芝山镇、三星镇、寅阳镇和惠萍镇为重点镇，江安镇、石庄镇、九华镇、五接镇、兴仁镇、川姜镇、常乐镇、悦来镇、临江镇、海

永镇、王鲍镇、北新镇、启隆镇、合作镇、南阳镇和东海镇为一般镇，打造"中心城市—二级中心城市—重点镇——般镇"的四级城镇体系，构建合理完善的城镇空间格局。

二是推进特色小镇建设。党的十九大报告指出："文化是一个国家、一个民族的灵魂。文化兴国运兴，文化强民族强。"南通沿江地区要强化产业、文化、旅游和社区等功能，以文化为内核，产业为核心，融合本地特色文化，打造"骨架小、产业专"的现代化区域发展平台。重点培育如皋石材小镇、通州高铁小镇、港闸唐闸文旅小镇、崇川智造小镇、开发区数据小镇、中央创新区科技小镇、海门叠石桥家纺小镇和启东滨江绿色制造小镇等一批特色小镇。

三是推进特色田园乡村建设。党的十九大报告指出："倡导简约适度、绿色低碳的生活方式，开展农村人居环境整治行动。"南通沿江地区要将以人为本、自然和谐、绿色低碳等理念融入美丽乡村的转型升级中，促进乡村生态宜居，让居民记得住乡愁。高水平编制村庄规划，实现空间、生态、基础设施、公共服务和产业规划有机融合。开展农村环境综合整治，实施农村河道疏浚、驳岸整治，加强村庄垃圾、污水等生活污染治理，着力营造优美和谐的田园景观。开展特色田园乡村建设试点、村庄环境整治和样板村庄试点示范。

（六）构筑对接服务上海承接地

一是推动交通基础设施高效衔接。习总书记指出，"正确把握自身发展和协同发展的关系，努力将长江经济带打造成为有机融合的高效经济体"。南通沿江地区要加快沪通大桥过江通道建设，推动北沿江高铁通道、崇海复合型过江通道尽快启动，实现跨江融合，区域一体。积极争取跨区域铁路项目与上海协同规划建设，不断推动上海铁路网向南通延伸和辐射，逐步形成普铁、城际铁路和高速铁路多种轨道交通方式全面对接的铁路网络体系。

二是共建长江入海口生态高地。党的十九大报告指出："加强开放合作，形成陆海内外联动、东西双向互济的开放格局。"南通沿江地区要积极策应上海崇明世界级生态岛建设,在环境指标、门槛标准等方面,实现与上海崇明生态岛同步。呼应上海五大生态廊道建设,共同维护长江北支生态廊道建设。主动承接好上海生态农业、休闲养老、大健康等产业梯度转移,建成多层次、多元化的养老服务体系。做好生态旅游产业的对接,实施"区域联动、部门联合、企业联手"的大旅游营销模式,吸引上海转移人口集聚。

三是实现社会服务同城化。党的十九大报告指出:"完善公共服务体系,保障群众基本生活,不断满足人民日益增长的美好生活需要。"南通沿江地区要加快推进南通市民卡和上海公交卡在地铁、公交领域的互通使用。扩大教育合作领域,引进上海高校、职业教育合作办学,支持优质民办教育资源两地共享,加强教学科研和专业技术培训的对接合作。深度对接上海名医名院,开展医疗学术交流和科研合作,拓宽医学人才共育渠道。

(本研究报告为2017年南通市社科基金项目"基于'多规合一'视角的南通沿江生态带发展策略研究"(2017BNT015)研究成果)

(作者:刘峻源,南通大学江苏长江经济带研究院助理研究员;周威平,南通大学江苏长江经济带研究院常务副院长,副研究员)

南通沿海前沿区域建设特色小镇路径研究

摘　要　特色小镇既不是行政单元的"镇",也不是产业园区、风景区的"区",而是产业特色鲜明、生态环境优美、兼具文化韵味和社区功能的新型发展平台。本文分析了南通沿海前沿区域城镇建设现状、培育创建特色小镇的瓶颈,在借鉴浙江创建特色小镇的基础上,提出了加强科学论证、注重规划先行、强化特色发展、坚持因地制宜的建设路径。

2016年12月30日,江苏省政府印发《关于培育创建江苏特色小镇的指导意见》,南通各地深入贯彻落实省委省政府重大部署,积极推进特色小镇建设,把它作为推进项目建设的重要手段、供给侧结构性改革的重要平台、深入推进国家新型城镇化综合试点的重要抓手,目标集聚高端要素、促进产业升级、发展动能转换、增强区域核心竞争力,以此来进一步推动产业和城市转型、建设一流的创新之都和宜居宜业花园城市。

一、南通沿海前沿区域创建特色小镇的现实基础

南通沿海前沿区域范围为规划建设中的海启高速公路至海岸线的21个镇(街道)及毗邻海域,陆域面积约2 900平方公里,海域面积8 701平方公里,海岸线长221.5公里。该区域是南通沿海开发的重点区域,2015年,本区域户籍人口212.3万,地区生产总值1 447.01亿元,分别占全市的27.6%和23.53%。

（一）主要成效

南通沿海前沿区域共有8个重点中心镇：海安老坝港滨海新区（角斜镇）、如东沿海经济开发区（洋口镇）、江苏如东洋口港经济开发区（长沙镇）、通州湾江海联动开发示范区（三余镇）、海门港新区（包场镇）、江苏启东吕四港经济开发区（吕四港镇）、启东滨海工业园（近海镇）、启东海工船舶工业园（寅阳镇）（见表1）。

表1　南通沿海重点中心镇基本情况表

序号	县（市）区	乡镇	行政区域面积/平方千米	建成区面积/平方千米	总人口/个	建成区总人口/个
1	海安县	角斜镇	128	6	66 923	13 302
2	如东县	洋口镇	110	4	73 642	3 746
3		长沙镇	80	2.1	38 712	3 910
4	通州湾江海联动开发示范区	三余镇	158.86	8.68	124 378	47 842
5	海门市	包场镇	137.88	14.19	150 586	35 783
6	启东市	吕四港镇	152.8	7.81	177 849	49 510
7		近海镇	79.9	2.72	64 010	11 821
8		寅阳镇	100.58	5.04	77 162	16 902

1. 工业化带动城镇化速度明显加快。一是产业园区效益提升为城镇化积累了资金。沿海前沿区域实施50亿元以上产业项目10个，总投资1 113.1亿元，初步形成了液化品物流、电力能源、海工船舶、精细化工、机械食品等特色产业板块。形成工业应税销售收入超200亿元园区1家，100亿元级园区2家，为城镇化发展积累了必要的资金。二是工业经济的发展加速了人口集聚。随着企业加速向园区集中，创造了大量的工作岗位，加速了管理、研发、产业工人等多层次人员的集聚。如东沿海经济开发区已累计创造近万个就业岗位。三是工业化带动了城镇服务业的发展。园区企业集聚加速了城镇金融、保险、中介、仓储、物流、研发、设计等一系列生产性服务业的集聚，进一步促进了城镇功能的完善，城镇发展活

力进一步增强。

2. 基础设施的建设推动城镇配套功能明显提升。沿海开发以来，沿海城镇各项配套基础设施建设明显加快，城镇功能配套明显提升。一是沟通沿海城镇与中心城市的综合交通基础设施加快建设。沿海前沿地区已形成了与各区镇集疏运体系相互衔接、相得益彰的交通服务体系。二是产业承载能力进一步增强。沿海城镇区域供水、集中供热、供电、污水处理等能力全面增强，具备了重大项目承载能力。三是城镇项目加速推进。学校、医院、酒店、房地产、旅游度假、交易市场、特色海鲜街等近100个重点项目已经陆续启动建设。金融、贸易、物流等生产性服务行业开始兴起，娱乐、休闲、居住、环境等生活设施也得到不断提升。四是科创基地不断壮大。通州湾示范区科创城建设取得成效，集聚了一批高校院所及创新企业。沿海建成省级以上各类研发平台25个，引进国家级工程技术研究中心3家，省级工程技术研究中心15家，企业院士工作站5个，省（部）级重点实验室1个，博士后流动站2个，研究生工作站8个。

3. 一批滨海特色镇和观光景点应运而生。突出城镇服务产业功能，沿海前沿区域一批产城融合发展的特色镇正在快速崛起，为提升打造特色小镇奠定了基础。启东吕四镇的仙渔小镇成功申报省级特色小镇创建单位；海安墩头镇打造南通乐百年健康小镇项目；海安滨海新区全力打造"黄海河豚小镇"；海门港大东博士园小镇打造具有浓郁通东特色的高端乡村旅游小镇。沿海新增2个国家海洋公园，如东小洋口旅游度假区、启东圆陀角旅游度假区获批省级旅游度假区，蛎岈山获批全国第八个国家级海洋公园。

（二）存在问题

1. 规划体系调整较为滞后，沿海城镇发展的空间受到一定限制。由于城市总体规划、土地利用规划等基础性法定规划对城镇发展规模、用地空间规模等方面有具体的指标要求，而原沿海乡镇大部分都达不到中心镇的规模，因此不属于市级城市规划中确定的中心镇，随着沿海开发的推进，特别是沿海开发确定的重点中心镇在城镇总体规划、土地利用规划等在修编时，在城镇发展规模及用地规模等方面受到了一定的限制。

2. 城镇功能配套能力较低，对沿海产业发展支撑和人口集聚的能力较弱。由于城镇化发展是一个渐进的过程，需要随着工业化发展逐步配套，特别是服务于产业发展的金融、保险、商务、中介、研发、设计等生产性及生活性服务业配套能力还不足，形成不了对产业发展的有效支撑，城镇与产业的发展互动不足，发展不够平衡，小城镇人居环境的打造及生活娱乐配套设施相对不足，对于各类人才或务工人员落户的吸引力不强。

3. 对历史文化底蕴不深，吸引外地人慕名而来的亮点不多。历史人文是一个地域本土文化的积淀，体现了一个区域的精神风貌，这是别的区域无法复制的。沿海大部分地区成陆时间不长，人口稀少，青墩文化、"吕祖"文化、盐垦文化等可挖掘的文化历史屈指可数，如果再不加于精心研究，充分挖掘，那么烙上地方鲜明特色的文化底蕴就无从谈起。

二、特色小镇概念的提出及浙江值得借鉴的主要做法

特色小镇源于浙江省丽水市龙泉县的青瓷小镇，盛于杭州的云栖小镇、南山基金小镇及嘉兴乌镇的互联网小镇等。2014年10月，时为浙江省省长的李强视察杭州的云栖小镇时，提出了特色小镇这个概念。2015年5月，习近平总书记在考察浙江时，对特色小镇给予充分肯定。2016年10月30日，国家发改委印发《关于加快美丽特色小（城）镇建设的指导意见》（发改规划［2016］2125号）。2016年12月30日，江苏省政府印发《关于培育创建江苏特色小镇的指导意见》（苏政发［2016］176号）。2017年2月22日，省发改委印发了《关于培育创建江苏特色小镇的实施方案》，江苏省特色小镇培育创建工作正式以文件形式推出，并开始了组织申报。

（一）内涵特征

原江苏省委书记李强曾明确指出：特色小镇不是行政区划单元，而是产业发展载体；不是产业园区，而是同业企业协同创新、合作共赢的企业社区；不是政府大包大揽的行政平台，而是以企业为主体、市场化运作、

空间边界明晰的创新创业空间。由此看出，特色小镇既不是行政单元的"镇"，也不是产业园区、风景区的"区"，而是产业特色鲜明、生态环境优美、兼具文化韵味和社区功能的新型发展平台。一个乡村、一个园区、一个区域，均有可能成为特色小镇的建设对象。概括起来，特色小镇有以下4个特征：

1. 产业定位"特而强"。找准特色、凸显特色、放大特色，是小镇建设的关键所在。必须紧扣产业升级趋势，锁定产业主攻方向，构筑产业创新高地。每个小镇都明确一个产业细分领域、差异定位、错位发展，瞄准行业的龙头企业、"单打冠军"进行招商。

2. 功能叠加"聚而合"。功能叠加不是机械的"功能相加"，关键是功能融合。既有风景又有人文，让人愿意留下来创业和生活的特色小镇。重点打造产业、文化、旅游和社区四大功能。

3. 建设形态"精而美"。根据地形地貌，做好整体规划和形象设计，确定小镇风格，体现为小镇骨架小，颜值高，气质佳。

4. 运作机制"活而新"。往往依托1家龙头企业，以公司制的方式组建小镇建设管理平台，政府重点做好引导和服务保障。体现在政企协同，重视机制创新。

（二）主要做法

1. 加强组织领导。建立联席会议制度，常务副省长担任召集人。省委宣传部、发改委、经信委、科技厅、财政厅、国土厅、建设厅、商务厅、文化厅、统计局、旅游局、省政府研究室、省金融办等单位负责人为成员，办公室设在省发改委，为创建特色小镇提供了有力的组织保障。

2. 出台指导文件。出台《浙江省人民政府关于加快特色小镇规划建设的指导意见》《浙江省特色小镇创建导则》，明确了特色小镇创建的具体要求，政策的最大特点就是采取"宽进严定、动态管理、验收命名"的创建制，事后兑现奖惩政策。

3. 实行"多规融合"。小镇都要编制概念性规划，有的还编制核心区城市设计。

4. 突出企业主体。以企业作为特色小镇的投资建设和产业运营发展平台。

5. 重视产业发展。规定固定资产投资不包括商品住宅项目和商业综合体项目，并要求总投资额中特色主攻产业投资占比不低于70%。

6. 注重政策激励。在土地方面，对如期完成年度规划目标的特色小镇，按实际使用指标的50%给予配套奖励，信息经济、环保、高端装备制造等类别特色小镇则按60%奖励。财政支持方面，在创建期间及验收命名后，其规划空间范围内新增财政收入上交省财政部分，前3年全额返还，后2年返还1/2。

7. 实行动态淘汰。对于验收合格的特色小镇给予财政返还奖励；3年内未达到规划目标任务的，加倍倒扣省奖励用地指标。

（三）具体实践

1. 把发展特色产业作为第一要务。创新产业发展模式，加快新兴产业培育、推动传统产业转型升级。特色小镇是新兴产业的孵化平台，是传统优势产业转型发展的引擎。特色小镇发展以实现产业创新发展为首要目标。

2. 吸引高端产业人才集聚发展，塑造小镇特色环境。综合塑造特色小镇的产业文化，历史文化，地域文化和建筑文化等文化产业业态，借助文化魅力，吸引高端人才集聚，以人为本，构建便捷舒适的社区环境。

3. 市场主导，企业是特色小镇投资建设和运营的主体。适应经济新常态和行政体制改革要求，改变过去以政府为主导构建产业发展平台的传统模式，在可控的空间范围内尝试以企业作为特色小镇的投资建设和运营产业发展平台，发挥市场决定性作用，引导企业资本回流，激发企业创新发展活力。

4. 实体投资导向走出简单"房地产+"开发模式。政策制定上，侧重考核实际产业投资住宅和商业综合体投资不计入权益投资，体现实体产业导向，规避走入通过土地平衡投资的传统房地产开发模式。

三、南通沿海前沿区域创建特色小镇的瓶颈

（一）思想观念存在误区

目前，一些基层对特色小镇研究不全面、不深入，还停留在碎片化的接触上。他们对申报的程序、特色小镇的模式、如何策划等都一知半解，有些人甚至把特色小镇作为要帽子、要票子的途径，由此作为建设特色小镇最大的推动力。但对照江苏省政府《关于培育创建江苏特色小镇的指导意见》，全省分批创建100个左右的特色小镇，每个县（市）区平均不到1个，加上有些企业对投入基础性配套设施积极性不高，因此，思想上产生了消极畏难情绪。

（二）特色产业亟待培育

特色是小镇的核心元素，产业特色是重中之重。尽管目前沿海各地均有一定的特色产业，但部分产业在全国影响力不够，竞争优势不明显；同时受国内外复杂严峻经济形势的影响，小城镇产业发展速度相对减缓，特色产业对小城镇的支撑作用亟待进一步增强。

（三）土地瓶颈尚未突破

特色小镇建设需要大量建设用地，由于小城镇原来的建设用地有限，有基本农田保护的问题，加上我国行政管理权的授权到县级，镇一级缺乏行政管理的行政执法权。从目前的政策看，唯一的办法也就是土地的占补平衡。而土地利用总体规划的调整需要报国家、省审批，程序比较复杂，且地块相对分散，难以成形，影响了特色小镇的建设和发展。

（四）对照标准差距较大

产业类特色小镇创建方面，制约小城镇发展的土地、资金、人才等要素难以突破，省里规定原则上3年内要完成项目投资40亿元以及3A级风景区较高的配套标准等使各地感到为难。旅游类特色小镇创建方面，由于许多小城镇旅游集散服务体系不够完善，旅游交通服务体系不够健全，还要求按照5A级标准规划建设，配套投资也较大，让有意愿创建者望而却步。

四、南通沿海前沿区域创建特色小镇的路径

特色小镇作为一种新型城镇化的产、城、人、文一体化的新实践，本身需要天时、地利、人和的要素汇聚周期。我们应充分理解中央的精神，回归特色小镇的基本价值，借鉴浙江的经验，正确处理好政府与投资主体之间的关系，分期、分类、系统打造。

（一）加强科学论证，切忌一哄而上

1. 不能将国家、省级层面的引导型文件变调为"刚性刺激型"行动纲领。目前，许多地方都在一窝蜂地发展各种形态的特色小镇，由于大家都在各自阵地大搞规划，最终必然导致市域范围内出现新的、重复性的特色小镇定位。这些特色小镇规划并没有做科学、精细的前期研究和比较分析，都以"利好"地方发展为出发点，规划单位有意识地"帮助"当地政府论证特色小镇的可行性，其结果必然导致规模性推动和一哄而上。

2. 淡化"计划经济"色彩的量化指标，确保"水到渠成"。沿海地区特色小镇建设，要以建设沿海产业带、城镇带和风光带为支撑的沿海经济隆起带为导向，推动现代海洋经济发展，在小镇谋划上坚持创建培育相结合，分类指导推进。在沿海特色小镇核心区的划定和功能定位上要与原沿海重点中心镇发展基础和规划定位相结合，以特色小镇建设来提升沿海重点中心镇建设的品位和功能。在具体操作上，重点确保吕四仙渔小镇省级小镇验收通过，依托通州湾科创城、寅阳恒大威尼斯等基础，培育通州湾创建智造小镇、旅游主题小镇等一批特色小镇，其他各镇对照特色小镇创建要求，谋划推进建设一批具有本地特色的核心区，条件成熟后再行申报。

3. 强化干部培训，提高干部系统化办事能力。在特色小镇建设的共识基础上，真正遵循因地制宜、特色凸显、市场可行、城镇可容、运营有保障等原则，扎实稳健地推动每一个特色小镇的规划、建设和运营。并且依托现有产业基础、生态环境、历史文化、区位交通、城镇功能等，合理规划布局，构建特色小镇发展与治理的科学流程。

（二）注重规划先行，实施多规融合

一方面，特色小镇就是建设一个空间小而美、产业特而强的发展区域。特色小镇建设区域的划定完全根据需要，而不是限定的行政区划，可以设在市区内，也可以依托乡镇传统特色产业设在乡镇工业园区或者某个行政村里。因此，特色小镇规划不是单一的城镇规划或园区规划，而是各种元素高度关联的综合性规划。对于这样一个空间的打造，新在规划理念，实行"多规合一"。重点抓好概念性规划和核心区城市设计编制，按照多规融合要求高水平编制小镇规划。

另一方面，应突出规划的前瞻性和协调性，统筹考虑人口分布、生产力布局、国土空间利用和生态环境保护。摒弃"贪大求洋""大拆大建"的做法，坚持节约集约利用土地，合理界定人口承载力、资源承载力、环境承载力与产业支撑力，在开发中保护，在保护中开发。在具体实施过程中，可以结合原有基础进行重建或优化改建。浙江余杭艺尚小镇对19栋民宅进行成功的改建，充分体现了策划设计的力量，不仅在特色小镇建设上值得借鉴，在城镇建设方面也值得效仿。

（三）强化特色发展，细化产业门类

首先，要确定一个核心产业。特色小镇一定是以一个核心产业为龙头，而且在产业定位上是细分产业，比如做设计创意产业，必须进一步细分到是工业设计还是服装设计？在产业选择上一定是细分产业的龙头企业才是引进的对象。由此而言，我们在特色小镇的产业选择上不仅仅是"一镇一业、错位发展"的要求，还要落实到细分行业，做细分行业的高端产业。在细分产业的确定上要依托现有的产业基础和资源禀赋，结合这些基础，研究高端要素集聚的新需求，从而进行统筹谋划。启东的千年古镇——吕四镇创建的仙渔小镇，融海洋风情与现代渔业为一体，规划面积6平方公里，核心区面积0.3平方公里，总投资200亿元，2017年年底对外开放，成为江苏省首批创建的25个特色小镇之一。

其次，要细化产业门类。省里已明确特色小镇的特色产业分为高端制造、新一代信息技术、创意创业、健康养老、现代农业、历史经典和旅游

风情 7 类。建议参照省定类别，并结合南通市今后一个时期重点发展"3+3+N"产业的部署，确定特色小镇产业类别为"7+N"：新一代信息技术、海洋经济、创意创业、健康养老、现代农业、旅游风情、历史经典，兼顾高端制造、现代建筑、通用航空、现代物流、金融、食品药品、军民融合等类别。

再次，要搭建各类平台。搭建各类服务小镇创业人才和骨干企业家的交流平台，激发小镇内部创新活力。要瞄准高端产业和产业高端，引进创新力强的领军型团队、成长型企业，鼓励高校毕业生、大企业高管、科技人员、留学归国人员创业者为主的"新四军"创业创新，尤其要为有梦想、有激情、有创意，但无资本、无经验、无支撑的"三有三无"年轻创业者提供一个起步的舞台。通过小镇客厅、小镇故事、小镇镇长、小镇引爆点、小镇生态等，吸引高端要素向小镇集聚。

（四）坚持因地制宜，确保有序推进

1. 实施联动推进。参照浙江省做法建立联席会议制度，并由市政府常务副市长担任召集人，办公室设在发改委。国土、海洋、规划、建设、财政、统计、旅游等部门，在联席会议办公室的统筹协调下，根据分工做好相关工作。各县（市）区建立相应工作机构，加强上下衔接。比如，通州区的开沙岛和如皋市的长青沙现有的基础条件较好，但由于分属不同的行政区域，优质资源不能有效整合。因此，要在联席会议的统筹协调下，像海门创建省级足球小镇那样，打造以体育教育产业为轴心、体育赛事产业为延伸、体育休闲产业为特色的健康养老类产业特色小镇。

2. 实行"优胜劣汰"。坚持质量导向，把实绩作为唯一标准，重点考量城乡规划符合度、环境功能符合度、产业定位清晰度、文化功能挖掘度等内涵建设情况。实施"创建制"，重谋划、轻申报，重实效、轻牌子，上不封顶、下不保底，宽进严定、动态管理，不搞区域平衡、产业平衡，形成"落后者出、优胜者进"的竞争机制。

3. 适当降低门槛。省级特色小镇一般要求 3 年投资 50 亿元，旅游类 30 亿元，门槛相对较高，申报省级的特色小镇首先要做好资金平衡，在

资金筹措上主推市场化运作，严格防止将市场投资最终转化为政府财政兜底的现象发生。对于达不到省级标准的，市级特色小镇投资规模在省级标准基础上适当降低：原则上3年内要完成项目投资30亿元。其中，新一代信息技术、创意创业、健康养老、现代农业、旅游风情和历史经典等其他特色小镇，原则上3年内要完成项目投资20亿元。参照省实施方案，第一年完成投资不少于总投资额20%，且投资于特色主导产业的占比不低于70%（以上投资均不含住宅项目）。目前大型国企、各银行针对特色小镇项目的融资或代建服务相对较多，在特色小镇建设过程中切忌扩大政府债务，量力而行。旅游标准考虑到地形地貌较为单一和旅游资源实际，在省标准基础上适当降低：所有特色小镇原则上按2A级及以上景区服务功能标准建设，旅游风情类特色小镇原则上按4A级景区服务功能标准建设（省标准分别为3A、5A）。所有特色小镇都要建设提供创业服务、商务商贸、文化展示、交往空间等综合功能的公共平台（小镇客厅）。

4. 结合陆海统筹试点。积极向省政府呼吁，在特色小镇建设中充分考虑沿海前沿区域发展基础相对较差、内陆城镇发展基础较好的实际，实行建设用海减少与内陆城镇建设用地增加挂钩政策。

（本研究报告为2016年度江苏沿海沿江发展研究院招标课题"南通沿海前沿区域建设特色小镇路径研究"的研究成果）

（作者：马亮，南通市委党校，硕士；瞿祖平，南通市沿海办副主任；杨晓峰，南通市沿海办规划处处长；徐光明，南通市沿海办规划处副处长；丁正涛，南通市沿海办规划处主任科员）

南通沿海前沿区域产业转型升级与企业创新研究报告

> **摘 要** 江苏沿海开发国家战略实施7年多以来,南通市深入推进沿海开发、陆海统筹、江海联动,南通沿海前沿区域发展取得许多重大阶段性成果,呈现出发展快、活力强、潜力大的经济增长态势,成为南通经济发展新的增长极。但由于新兴产业发展基础薄弱、企业创新资源稀缺等因素的制约,其在发展过程中也遇到一些瓶颈。随着"一带一路"倡议和长江经济带发展战略的推进,"十三五"期间南通沿海前沿区域将站在新的起点上大力推进企业创新驱动发展,实现产业转型升级新突破,持续提升综合经济实力。

南通沿海前沿区域范围为规划建设中的海启高速公路至海岸线的21个镇(街道)及毗邻海域,陆域面积约2 900平方公里,占全市的35.8%,管辖海域面积8 701平方公里,海岸线长221.5公里。江苏沿海开发国家战略的实施推进南通沿海前沿区域开发取得许多重大阶段性成果,"十二五"期间,逐步打造了通州湾江海联动开发示范区、海安老坝港滨海新区、如东沿海经济开发区、江苏如东洋口港经济开发区、海门港新区、江苏启东高新技术产业开发区等沿海前沿产业功能区和产业带,初步形成了电力能源、海工船舶、精细化工、液化品物流、装备制造、旅游等特色鲜明的主导产业带。

一、南通沿海前沿区域产业转型升级和企业创新的现状

"十二五"期间,南通沿海前沿区域地区生产总值、固定资产投资、工业应税销售分别年均增长16.0%、27.5%、24.9%,高于全市同期平均增长4.5、9.6、17.3个百分点。"十二五"末,沿海前沿区域地区生产总值、固定资产投资、工业应税销售分别突破1 500亿元、1 200亿元、1 450亿元,各项主要经济指标高于全市平均水平,南通新的经济增长极效应正在快速彰显。

(一)产业政策环境进一步优化

产业政策在产业转型升级过程中发挥着先行引领作用,为促进南通沿海前沿区域产业发展,在南通市级层面,市政府出台了多个政策意见指导南通市产业发展与转型升级(如表1所示)。除了市级层面的各项政策支持外,南通沿海前沿各园区也都出台相应的技术创新配套扶持政策,增强了政策对南通沿海前沿区域产业转型升级和企业创新的支撑能力。

表1　南通出台的产业创新升级系列政策

序号	发布时间	政策名称	政策意义
1	2016.12	《南通市"十三五"沿海前沿区域发展规划》	为促进南通区域协调发展和经济转型升级提供规划指导
2	2016.12	南通市"十三五"科技创新发展规划	为深入实施创新驱动发展战略,充分发挥科技对转变经济发展方式的支撑引领作用,加快建设国家创新型城市提供发展规划
3	2016.11	《工业经济"十三五"发展规划》	为统筹做好南通"十三五"期间工业经济发展的各项工作、加快南通工业转型提供指导意见
4	2016.11	《南通市企业知识产权实力提升工程实施方案》	政策为加强企业知识产权创造、运用、保护、管理和服务,提升企业创新能力和核心竞争力助力
5	2016.11	《南通市知识产权投融资试点工作方案》	政策旨在加快推进知识产权投融资试点市建设,推动知识产权与金融深度融合,拓宽中小企业融资渠道

续表

序号	发布时间	政策名称	政策意义
6	2016.4	《关于加快打造长三角特色产业科技创新基地的实施意见》	为全面接轨上海全球科创中心和融入苏南国家自主创新示范区的建设,奋力推动产业迈向中高端水平,提出加快打造特色产业科技创新基地的实施意见
7	2016.3	《南通市制造业生产装备升级计划》	结合南通企业实际,进一步细化明确装备升级的路径和方法,做到分类指导,分业施策,示范引领,创新驱动,有更强的指向性和操作性
8	2015.8	《南通市专利助推产业创新发展行动方案(2015—2020年)》	加强知识产权保护和运用为关键,聚焦产业、服务企业,推动知识产权真正成为创新驱动发展的核心动力,加快产业转型升级,推动经济持续稳定增长
9	2014.12	《南通市科技金融"投贷保"联动管理办法(试行)》	为解决科技型中小企业融资难的问题,推出以"首投、首贷、首保"为主的"投贷保"联动的融资模式,规范运作和管理

(二) 产业项目加快集聚

"十二五"期间,南通沿海前沿区域实施单体投资 50 亿元以上产业项目 10 个,总投资达 1 113.1 亿元,形成工业应税销售收入超 200 亿元园区 1 家,100 亿元级园区 2 家。依托海港码头建设和沿海的独特资源优势,一批体量大、带动力强的重大临港产业项目相继落户沿海。2015 年,沿海前沿区域销售超 10 亿元的规模企业达到 15 家,实现应税销售收入 375.59 亿元。依托各类滨海园区,一批产出效益好的中小产业项目加速集聚,初步形成了液化品物流、电力能源、海港船舶、精细化工、机械视频等特色产业板块。起步较早的如东沿海经济开发区、启东高新技术产业开发区累计已落户企业 413 家,其中,规模以上企业达到 155 家,引进上市公司 26 家、央企、国企 8 家,已投产企业 298 个。2015 年,沿海 8 个重点区(镇)完成新开工 2 亿元以上工业项目、亿元以上服务业项目 104 个,计划总投资近 430 亿元。

（三）产业转型升级创新基础不断夯实

南通沿海前沿区域在发展产业经济过程中，一方面发挥产业存量优势，另一方面不断打造产业创新载体和产学研合作平台，为区域产业发展提速和转型升级打造创新环境，聚集创新资源。目前，南通沿海前沿区域的重点园区已搭建了通州湾科教城、海门港新区江苏智源科技创业园、启东高新技术产业开发区博士创业园等众多科研创新基地，大力实施科技兴区战略，强力打造科技品牌，持续推进自主创新、打造人才高地，科技创新载体日益完善，为产业转型升级奠定良好的创新基础。

（四）企业创新能力和主体地位日益突出

为充分发挥企业在创新中的主体作用，沿海前沿区域大力实施创新型企业和高新技术企业培育工程，推动各类要素向企业集聚，科技服务逐步覆盖到企业，科技政策宣传落实到企业，鼓励企业构建科技技术研发机构。目前，沿海前沿区域高新技术企业已超过200家；沿海前沿区域大中型企业普遍建立研发机构，已建成江苏沿海集团企业院士工作站和天津大学（南通）前沿技术研究院等研发机构。为深入了解企业创新情况，选取沿海前沿功能园区60家有代表性企业的技术高管（平均工作年限高达18年）进行调研，这些企业66%来自机械制造行业，16%企业属于精细化工行业，18%企业属于新材料行业（如图1所示）；企业技术创新基本情况为84%企业设有专门的技术研发部门（如图2所示），企业技术人员数量占企业总人数的平均比重为5.5%；100%企业不间断地进行技术研发工作，形成了企业科研人员独立自主研发创新为主和模仿市场上已有技术进行创新为辅的创新形式（如图3所示），100%企业都具有自主创新实践，33%企业自主创新与模仿创新兼具，创新内容涉及范围广泛（如图4所示），包括老产品的技术更新与换代、根据市场需求开发出全新的产品、对过去的生产工艺进行了改进、对企业部门结构进行调整创新、企业进行品牌营销创新和企业实行线上线下相结合的互联网营销模式等；80%科技计划项目由企业牵头，90%研发投入源自企业，企业研发投入金额占企业销售总额的平均比重高达2.8%，企业技术创新能力显著提升，83%企业申请有专利技术（如图

5所示），平均每家企业申请专利数量为22件。上述调研数据显示，创新型企业已经成为创新驱动发展的主力军，南通沿海前沿区域已初步形成创新型领军企业、高新技术企业和民营科技企业的创新梯队。

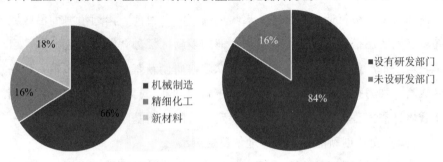

图1　企业行业分布情况　　　　图2　企业技术研发部门设置情况

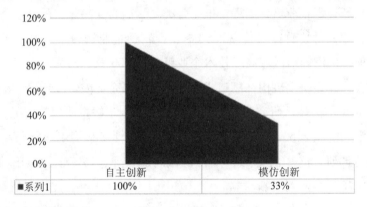

图3　企业创新形式

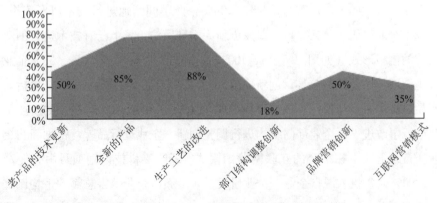

图4　企业创新内容

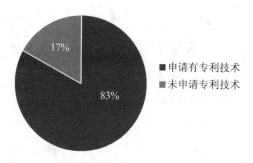

图5 企业申请专利技术情况

二、 南通沿海前沿区域产业转型升级和企业创新的瓶颈

南通沿海前沿区域经过多年的发展和积累,产业转型升级和企业创新取得了一定的成绩,总体状况良好,但由于新兴产业发展基础薄弱、企业创新资源稀缺等因素的制约,其在发展过程中也遇到一些瓶颈。

(一)产业结构有待完善,产业集聚效应尚未形成

南通沿海前沿区域在产业发展规划的指导下,经过不断的发展和转型升级,业已形成一定的产业结构和产业规模,然而目前产业结构中存在的一些问题却制约了产业的转型和升级。

首先,南通沿海前沿区域布局的产业多为制造业,传统制造业在整个产业中的比重仍占主导地位,如机械制造、船舶修造、化工、纺织服装等产业仍属于产业发展成熟期的成熟产业;战略性新兴产业布点较少,目前洋口港经济开发区、启东高新技术产业开发区和海工船舶工业园将新能源、海工和风电等处于产业成长期的新兴产业作为主导产业,其他园区新兴产业如现代装备制造业、新材料、精细化工等比重较低,规模较小,尚未形成一定的产业规模集聚效应;尤其是体现南通资源禀赋优势的现代海洋经济如海洋生物医药、海洋能源、海水淡化与综合利用等海洋新兴产业的发展仍较薄弱。

其次,南通沿海前沿各个功能园区在产业转型升级中,工业制造业快速布局与发展,而与之配套的现代物流、现代商贸、技术服务、金融、信息、旅游等现代服务业普遍存在产业所占比重低、产业规模小、产业水平落后等现象,在调研过程中发现除了启东高新产业开发区、海门港新区业

已形成了与生产生活等配套的相对完善的服务业外，其他园区如通州湾示范区、老坝港新区、洋口港经济开发区等的现代服务业尚不完善，制约了工业制造业的高速扩张，也造成了产业结构的不平衡。

（二）传统产业企业技术创新动力不足

近年，随着经济发展步入新常态，经济增速放缓，传统产业的企业利润下滑严重，南通沿海前沿区域传统产业如纺织服装、船舶制造、化工等也面临着企业利润率逐年下降的问题，加之政府化解过剩产能政策要求，银行对上述产业限制贷款，企业普遍存在创新资金渠道狭窄的问题，90%的被调查企业研发投入中未使用银行贷款，企业技术创新资金基本上是企业自筹，政府财政资金补贴在企业创新研发投入所占的比重不高，55%的被调查企业希望政府能增加技术创新财政补贴。

人才是企业技术创新的生力军，由于南通沿海前沿区域地理位置偏远、配套生活环境不完善以及传统产业发展前景吸引力和薪资待遇低等，传统产业的企业在创新过程中遭遇了操作工人与技术人才双缺的瓶颈问题，新兴产业尽管薪资待遇较高，但也面临招人难、留人难等人才短缺问题，在被调查的企业中，88%企业认为企业技术人员数量与经验是制约企业技术创新的重要因素（如图6所示），人才不足使企业技术创新缺乏有效动力。

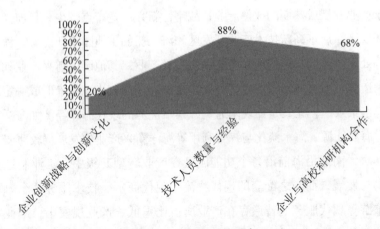

图6　企业创新制约因素

创新文化是一种理念和一种制度，它潜移默化地影响着企业的创新行为和创新结果，目前，20%的调查对象认为企业的创新战略和创新文化因素阻碍着技术创新（如图6所示）。南通沿海地区企业普遍存在不愿引入风险投资以支持企业转型创新，主要原因在于企业家担心股权被稀释，收益被分解，根本原因在于企业缺乏长远的战略发展眼光和创新冒险精神。这些因素一方面阻碍着企业技术创新，另一方面从创新文化的形成需要企业管理者引导推进的层面来讲也不利于创新文化的培育。

（三）新兴产业企业关键技术设备受制于人

新兴产业是南通沿海前沿区域重点发展的产业，新兴产业内的企业不断进行自主研发、自主创新，据调查100%企业进行了独立的自主创新与研发，并有83%企业获得技术专利，企业集中大量的人力、物力、财力攻克关键共性技术，已突破产业升级的技术瓶颈，部分企业还冲破了国外的技术封锁。但是，目前南通沿海前沿区域很多新兴产业具有自主知识产权的技术和生产设备的水平与国外相比仍有很大差距，例如智能装备产业发展所需的智能数控系统、高档伺服系统、智能通信技术以及高精密减速器等关键共性技术和部件多数仍需引进，企业自主研发能力仍需提高；电力装备产业仍需突破特高压大容量交直流输电、柔性直流输电等核心技术和新型中高压变压器等配电设备的技术研究；航空装备产业发展所需的新型航空材料等关键技术仍需攻克，提升自主创新水平；环保装备产业积极发展新能源汽车，但整车集成、动力电池、驱动电机等核心技术以及锂电池、电池隔膜、电机控制等关键零部件仍需重点突破。这些重点产业的关键核心技术和部件短期依靠引进可以缓解企业技术需求，但长此以往企业要为此支付大额的引进成本和后期的维护费用，大幅提高了企业的运营成本，挤占了企业自主研发创新等方面的资金空间，阻碍企业技术创新水平的进一步提升。

（四）企业技术创新体系有待完善

企业技术创新体系是以政府为主导，企业为主体，由企业、政府、科研单位、大专院校、科技工作者和技术中介机构等构成的开放式系统，其主要载体是企业技术中心、行业或区域技术中心和产学研联合创新服务平台。为加快产业转型升级，政府搭建了通州湾科技城、海门港江苏智源科技创业园、中海通科技园、复旦大学科创基地建设、启东高新技术产业开发区博士创业园以及如东沿海经济开发区化工产业研究院等技术创新平台，引进多所大专院校开展产学研合作，为构建企业创新体系发挥了积极的主导作用。然而，目前南通沿海前沿区域企业还没有充分发挥企业技术创新的主体地位，在被调查的企业中一些大中型企业设立了企业技术研发部门，并投入专项科研资金和人员开展专利技术研发，但16%的小型企业尚未设立相应的研发部门且研发经费投入低、研发人员不足，另外所有被调查企业中68%的企业反映在与产业链成员合作、与同行合作以及与高校科研机构合作创新方面存在障碍（如图6所示），源于企业担心技术机密泄露等因素。提升企业创新主体地位，构建完整的企业技术创新体系成为当前南通沿海前沿产业转型升级的重要任务。

四、南通沿海前沿区域产业转型升级和企业创新发展的对策

分析南通沿海前沿区域产业转型升级和企业创新过程中面临的瓶颈问题，研究其成因并有的放矢地提出对策和建议，将会推动沿海前沿产业转型升级的速度，助力企业创新改革。

（一）完善产业结构，形成产业集聚效应

首先，加快推进各种优势资源向沿海前沿区域集聚，一方面推动传统优势制造产业技术改造、品牌塑造和质量提升，促进海门港新区机电制造、启东吕四港经济开发区电动工具、启东高新技术产业开发区海工与船舶配件、机械装备等产业的优化升级，使沿海地区传统制造产业发展不断高端化。另一方面，加大战略新兴产业的布点力度，利用南通沿海港口、滩涂和潮汐带等资源，推动启东船舶海工产业转型升级，鼓励发展游艇、豪华邮轮、探险邮船以及可再生能源领域运营的船等高附加值的特种船舶；加强绿色能源产业建设，在如东近海发展潮间带和近海风电，鼓励发展分布式光伏和分布式燃气发电；做大做强如东洋口经济开发区新材料产

业，重点支持碳纤维、石墨烯和生物降解树脂材料发展，建设长三角地区的新材料研发转化生产基地；发展海洋战略性新兴产业，鼓励发展海洋生物、海洋化工、海洋渔业及海产品精深加工、海水淡化与综合利用等新兴产业。通过不断壮大高端装备制造、新能源、新材料、海洋新兴产业等优势产业规模，打造特种船舶、风电、光伏、化工新材料、海洋经济等产业链，并不断引进新项目和集聚大型企业，形成战略新兴产业集聚效应。

其次，大力发展与沿海工业制造业配套的现代服务业。建设长三角北翼现代物流中心，依托沿海港口交通节点，围绕港口、公路、航空、铁路、快递、保税、大宗物资等七大重点物流领域，培育通州湾江海公铁物流园、洋口港经济开发区现代物流园、海门港综合物流园、吕四港综合物流园、海安商贸物流中心、临海高等级公路海安综合物流园和港口多式联运物流园等现代物流园区、专业物流中心和现代物流龙头企业。打造长三角特色商贸中心，依托沿海港口、海洋等优势资源，加强沿海商贸网点和专业市场建设，做大做强沿海电动工具、海门海产品国际贸易、吕四水产品贸易、如东条斑紫菜及海产品交易等大型专业市场，规划建设东盟——通州湾大宗商品贸易中心，鼓励流通企业建立或依托第三方电子商务平台开展网上交易。在沿海地区设立技术服务、金融、保险、学校、医院、法律服务等机构，推动公共资源向沿海倾斜。

（二）提升传统产业技术创新动力，加快转型升级与企业创新

纺织服装、船舶制造、电动工具、机械装备、食品、化工等传统产业已具备一定的产业基础，是南通沿海前沿区域产业转型和企业创新的重点，然而企业在技术创新过程中普遍存在融资困难、人才缺失等问题，为提升传统产业技术创新动力，可以从以下几方面着手。

第一，提升金融支持能力，深化投融资体制改革，引导各类资金投向沿海地区。依托南通沿海开发集团投资支持，不断壮大南通沿海开发投融资平台，鼓励民间资本、银行资本以及外资为沿海地区建设和发展提供有效金融支撑，形成国资、民资、外资融为一体的多元化融资模式。鼓励有条件的大型企业上市，在国内外资本市场进行股票融资，也可通过发行企

业债券的形式多渠道融资。积极推介中小企业进行天使融资业务和担保再担保业务，为中小企业转型创新提供资金动力。

第二，加强人才引进培养。围绕沿海主导产业和特色产业发展，鼓励沿海县（市）区建立人才开发资金，加快实施高层次人才引进计划，给予安家补贴、科研启动经费、科研成果奖励以及股权奖励等，留住人才以实现可持续创新。同时，根据战略新兴产业发展需要，鼓励有条件的高校设立新能源、新材料及海洋工程专业，培养一批支持产业发展的专业技术骨干群体和熟练技术工人队伍。

第三，培育企业创新文化。企业管理者首先应具备创新精神，引导企业制定创新制度，鼓励企业全员参与创新，并设立创新奖励机制，不断鼓励科研人员进行技术创新，形成积极向上的企业创新文化氛围。

（三）加快研发新兴产业关键核心技术，补足技术短板

南通沿海前沿区域重点发展新能源、新材料、高端装备制造等新兴产业，这些产业在发展中所需要的关键核心技术仍存在短板。一方面，政府可以通过财政补贴或税收优惠等方式支持企业鼓励企业加快研发高精密减速器、高档伺服系统、智能数控系统、智能通信等关键共性技术及部件；积极发展新能源汽车，重点突破整车集成、动力电池、驱动电机等核心技术，重点发展多元化新能源汽车，加快发展锂电子电池、电池隔膜、电机控制等关键零部件。另一方面，必须妥善运用好政府采购手段。通过发布政府采购的技术标准和产品目录，支持新能源汽车、风力发电设备等产品的创新以及政府作为最终使用者的创新项目；统筹特种船舶、海洋生物等海洋重大项目建设所需的关键设备的研发、制造和采购，有计划、有倾斜的支持一批重点产品和优势企业的发展。

（四）建设企业技术创新体系，提升企业技术创新能力

南通沿海前沿区域各级政府部门一要大力支持重点行业大企业建立省级和国家级企业技术研发中心，引导企业加大对技术创新的投入，同时加大对企业技术创新的政策扶持力度，使市级以上企业技术研发中心能够享受研发经费税收抵扣等相关优惠政策。二要帮助中小企业与产业链上的大

企业之间开展联手帮扶活动，利用大企业的技术研发优势帮助小企业培训研发人员和建立研发机构，充分发挥中小企业自身专、精的特点，着重培育一批市场前景好、科技含量高的产品，不断提高产品研发能力，从而带动中小企业转型升级。三要大力推进产、学、研合作的广度、深度和效率，支持通州湾科创城、启东高新区博士园等园区创新创业平台建设，推动企业与高校、科研院所建立技术创新战略联盟，在特种船舶、风电装备、新能源、新光源、新材料、现代农业、海洋生物等重点领域加快建立创新支撑平台。大力培育自主创新力量，形成一批拥有自主知识产权的技术和产品。

（本研究报告为2016年度江苏沿海沿江发展研究院招标课题"南通沿海前沿区域产业转型升级与企业创新发展研究"的研究成果）

（作者：李晓娜，江苏工程职业技术学院讲师；杨晓峰，南通市沿海办规划处处长；仇新忠，江苏工程职业技术学院副教授）

在船舶海工领域培育南通地标性产业集群的对策建议

● 培育地标性产业集群的关键是培育龙头企业。建议借鉴深圳成功经验,强化规划引领,从政策支持、金融服务、平台支撑三大方面为企业提供贴身服务,依托产业基金推进兼并重组,培育具有强大竞争力的龙头企业。

● 地标性产业集群应独立构建全球生产网络。建议通过推进载体建设、优化产业链招商等措施,完善产业体系;同时,借鉴日本成功经验,推进产业链向产业网络升级,在此基础上,分阶段实现从"被动嵌入全球生产网络"到"主动构建全球生产网络"和"撬动国际知识网络"的跃升。

● 地标性产业集群应以创新集群为升级目标。建议推动"政产学研用"融合发展,支持创新国际化,促进产业集群融入全球创新网络。最终创新要落地于智能制造,实现由智能车间到智能船厂,再到船舶海工智能制造联盟"三步走"目标。

船舶海工是南通的主导产业、优势产业和支柱产业,是"3+3+N"产业体系的重要组成部分。在船舶海工领域培育地标性产业集群,有利于南通充分发挥多个国家战略叠加以及"上海北大门"区位优势,加速制造业转型升级,有利于进一步助推江海联动和陆海统筹,实现高质量发展;同时,也有利于提升南通在长三角北翼的城市首位度,进一步发挥好"领头雁"作用。

一、南通船舶海工产业发展概况与面临的问题

(一) 南通船舶海工产业发展概况

船舶海工是南通第二大支柱产业。经过多年发展,南通走出了一条从修船、造船,向海洋工程和船舶高端配套转型的成功之路。集聚了中远川崎、中远船务、振华重工、招商局重工、新加坡吉宝重工等一批国内外知名企业,呈现出国企、民企和外企并举的发展格局,已成为国家新型工业化产业示范基地、国家高技术船舶产业基地和国家船舶出口基地。2017年,全市446家船舶海工行业企业实现产值2 056亿元,同比增长4.7%。其中,船舶造修产值462.8亿元,同比增长3.9%;船舶配套产值1 593.3亿元,同比增长4.9%。

面对全球波罗的海指数持续低迷的严峻形势,南通船舶海工企业主动调整产品结构、增强研发能力,通过创新转型实现了可持续健康发展。例如,中远川崎被工信部评为全国船舶行业唯一的智能制造试点示范企业;振华重工(南通)的智能化桩腿焊接车间填补了多项技术空白,成为国家级海工装备智能化制造示范车间。目前,南通船舶和海工产业市场份额分别约占全国的1/10和1/3。

(二) 南通船舶海工产业面临的问题

1. 船舶海工产业整体面临的问题。从行业整体来看,船舶海工产业依然面临着运力和产能双重过剩的结构性矛盾。虽然新船订单数量大幅增长,船价也有所回升,但受到钢材等原材料价格上涨影响,企业盈利增长空间有限(仅船用钢板2016年4季度以来价格上涨了70%)。从产业运行规律看,国际船市恢复仍需要较长时间,市场大环境还没有根本性向好,复苏之路还存在着诸多挑战和不确定性。

2. 南通船舶海工行业自身存在的短板。一是尚未形成集群效应。缺少龙头企业,产业链亟待补强补齐(曲轴等大型铸造件生产);相关园区内的企业产业关联度有待提高,未形成明显的分工协作体系。二是有"高原"缺"高峰"。远洋通导设备、精密控制设备等高技术、高附加值产品相对缺乏，LNG船、大型集装箱船、节能环保型船等高端船型发展迟缓。三是创新链与产业链不匹配。核心技术和核心部件依赖于国外，关键核心技术攻关力度亟待加强。

二、船舶海工领域培育地标性产业集群的对策建议

产业集群一旦形成，在产业增长速度、市场占有率和生产效率方面将产生较强的正面影响，形成产业竞争新优势。今后一段时期，南通应全面贯彻海洋强国战略，紧抓中国制造2025建设机遇，在船舶海工领域打造上下游配套齐全、技术先进的地标性产业集群；加快由船舶海工产业大市向强市的跨越，将南通建设成世界一流、国内领先的船舶海工装备产业基地。

1. 培育龙头企业，引领集群发展

（1）规划引领，提供贴身服务。借鉴深圳成功经验，制定《龙头企业认定评价指标》和《龙头企业培育计划》，确立重点培育对象。结合每家企业的特点制定企业成长路线图，从政策扶持、金融服务、平台支撑三个方面提供专业化精准服务。在投资方面，鼓励企业通过扩股、转让、重组等形式引进国内外战略投资者；在财政方面，根据企业当年上缴的城镇土地使用税、房产税的额度，对造船、海工装备、船配、修船等企业予以奖励，奖励资金用于技术改造、产品研发和高层次人才引进等。以此培育具有全球市场影响力和控制力的领军企业以及具有较强市场竞争力的标志性产品与品牌。

（2）兼并重组，促进企业做大做强。从省内外经验来看，一批实力强的企业抓住国际船市变化有利于行业调整的时机，通过兼并重组增强了企业实力。比如，江南造船和长兴重工的整合、浙江欧华全资收购德兴船舶公司、中航技收购山东威海船厂70%的股权、中国重工和中国船舶（即南北船）的内部资产重组等。南通可以依托近期成立的"濠海高端装备产业基金"实施企业兼并重组，促进大型企业通过资源资产整合，与上下游企业组成战略联盟或形成大型综合船舶集团，提高综合竞争实力；同时促进中小型企业摆脱生存困境，以此实现产业链上下游整合，提高产业集中度、专业化分工协作水平和国际竞争力。

2. 由"链"到"网"，构建全球生产网络

（1）推进载体建设。园区是产业集群的重要载体。应按照"企业集聚、产业集群、要素集中、土地集约"的原则，加快崇川区中远板块、南通船舶配套工业集中区（港闸区）、海洋工程装备制造产业园（开发区）、通州船舶海工钢结构园、启东海工船舶工业园、如皋港船舶修造及海洋工程产业园等园区建设，促进园区间错位发展。一方面，要加强园区服务体系建设，加快发展电子政务、加大软环境建设，营造良好的营商环境。另一方面，可借鉴天津滨海新区经验，依托园区发展基于"互联网+"的研发设计、配套物流、工程服务、涉海保险服务等生产性服务产业及现代服务业；培育引进一批知识产权评估、科技咨询、科技金融等中介服务组织；在金融领域，率先建立船舶海工金融中心。

（2）优化产业链招商。通过并购、合资、租赁等方式，招引国内外有影响力、有技术的企业入驻，加快腾笼换凤步伐。坚定不移走高端化路线，大力发展智能船舶、豪华邮轮等高技术、高附加船型；完善船用曲轴、港口及船用机械、船舶电力推进系统等高层次产业链条，促进全产业链向高端转型，配套业向系统集成转变；加快形成绿色节能型VLCC、VLOC的批量生产能力；加强LNG船、超大型集装箱船、大型汽车运输船、化学品船、LPG船等产品的接单与建造，发展海工核心关键配套设备。以此构建"规划布局合理、产业链条完整、协作配合紧密、创新能力强劲"的船舶海工产业体系，形成"龙头带动引领、产业细分板块与产业全链条互为依托"的发展格局。

（3）布局全球化网络。第一步，拓展产业链的幅度，由"产业链"向"产业网络"演变，最终形成横向与纵向交叉的复杂化立体网络。从国外经验来看，日本船舶海工企业早在2010年，就制定了"进军海外"的战略，巴西是其选择的第一落脚点。2012年，日本川崎重工与巴西船企EED签署造船合作协议；2013年，日本IHI、三菱重工、川崎重工、三井

造船及日本邮船等 8 家公司成立联合组织"J-DeEP",组团进军巴西海上大型浮式装置接单大战,日本企业通过海外投资,布局并扩大产业网络的做法值得借鉴。第二步,在积极参与国际标准制定的同时,构建具有国际前沿水平的中国制造标准体系;鼓励企业借鉴南车收购英国 SMD 公司(深海机器人业务)等知名企业成功经验,并购或收购国外企业及品牌,提升企业全球资源配置能力;增强企业在全球的话语权和影响力。在成为全球生产网络节点的基础上,搭建分工合作、优势互补、共同生存的全球价值网络。实现从"被动嵌入全球生产网络"到"主动构建全球生产网络"和"撬动国际知识网络"的跃升。

3. 优化创新生态,深化智能制造

(1)推进"政产学研用"融合发展。建成若干国家级船舶海工相关重点实验室、检测机构等产业发展公共服务平台;借鉴中国工程院和上海交通大学共同成立"中国海洋装备工程科技发展战略研究院"的经验,支持鼓励企业与市内外高校、科研院所合作,协同打造船舶海工科创联盟与研发平台,强化行业共性技术、关键瓶颈环节的攻关,让船舶海工科技如虎添翼。多措并举,推进海上天然气处理装备、FPSO、深水半潜式钻井平台、自升式钻井平台、特种海工船(风电安装船、铺管船等)、绿色船舶技术、海工模块等的研发。

(2)支持创新国际化。把握"一带一路"机遇,探索实施"跨境科技创新伙伴计划"和"跨境共建科技创新园区计划";依托中创区,探索建立跨境虚拟大学园和国际人才离岸创新中心。同时,从投资前期费用资助、中长期贷款贴息到运营费用补助等,"全过程"扶持南通船舶海工企业到海外科技创新高地设立研发机构,开展研发活动和国际专利布局,促使企业融入全球创新网络,推动产业集群向创新集群升级。

(3)推动智能制造。从海外经验来看,日本 2016 年提出了"i-Shipping"概念,即将物联网、大数据技术运用到船舶运营和维修中,通过及时反馈信息达到设计、建造、运营和维护一体化的效果,全面提升产品的竞争力。可借鉴日本经验,根据《中国制造 2025》的要求,针对

船舶海工行业在数字化、自动化和精益生产等方面的短板,以"发展海洋工程装备数字化、智能化、集成化、精细化等高精尖技术"为主攻方向,做好"互联网+智能制造"顶层设计,在自动化装备、资源与工艺数据库、质量设计与控制上"全面补课",在数字化工艺协同设计、生产计划管理与执行控制、物料追溯系统、信息系统集成上"重点普及",在船舶海工虚拟与制造系统集成、物联网全要素数据采集与分析、中间产品智能生产单元与流水线上"引领示范",实现由智能车间到智能船厂,再到船舶智能制造联盟"三步走"的发展目标。

(作者:冯俊,南通大学江苏长江经济带研究院副研究员,博士)

南通市海上风电资源与风电产业协调发展对策研究

摘　要　风电是世界范围内发展速度最快的新能源产业，江苏省战略性新兴产业规划已将风电作为战略性新兴产业，南通将风电作为新兴支柱产业之一列入"十三五"（3+3+N）产业体系，目标建成国内外具有重要地位和较强竞争力的清洁能源产业研发、制造、应用示范基地。本课题立足南通海上风电发展实际，结合国内外的新形势，深入调研，为南通海上风能资源开发与风电产业协调发展建言献策、提供有益启示。

海上风电发展备受沿海国家关注，我国海上风能资源储量丰富，江苏沿海具有开发海上风电最好的区位，具备规模化开发的条件，南通拥有206公里海岸线，风能资源丰富，截至"十二五"末，累计已建成风电场163万千瓦（其中：陆上105万千瓦，海上58万千瓦），在建海上风电场45万千瓦，风电产业发展已经成为南通新兴支柱产业之一，为南通新能源产业发展奠定了坚实的基础。但是在风电发展的过程中也出现了不少问题，诸如部分风电项目布局不合理，与重大产业项目落户有冲突，部分风机影响航道通航安全等问题；海上风电发展对近海海洋生态环境，对近海海域水文条件的改变等影响还有待进一步的关注与研究。

一、南通风能资源及风电制造业产业发展现状

（一）风能资源开发利用情况

自 2002 年国家首批风电特许权项目落户南通（如东），经过十多年的大力发展，南通风电产业已初具规模。截至 2016 年年底，已建成、已核准及在建项目总投资超过 200 亿元。2016 年，以风电为主的新能源发电及装备制造业共实现应税销售 143 亿元，占南通工业应税销售的 4.3%。其中，风力发电项目实现年上网电量达 32 亿千瓦时，约占全社会用电量的 65%。

1. 陆上风电场

自 2002 年国家首批风电特许权项目落户南通，截至 2016 年年底，先后建成陆上风电项目总装机容量 105 万千瓦，风机 646 台套。

2. 海上风电场

2010 年 8 月，首个潮间带风电场——龙源如东 3 万千瓦潮间带试验风电场项目竣工投产以来，截至 2016 年年底，南通海上风电场建设规模达 58 万千瓦，建成风机 197 台套，在建海上风电场 45 万千瓦，138 台套风机在建。

3. 已建成风电场项目效益概况

截至 2016 年年底，南通已建成风电场项目共计 18 个，总装机容量 163 万千瓦（如东 15 个，134.5 万千瓦；启东 3 个，28.5 万千瓦）。

（1）投资效益。截至 2016 年年底，累计完成投资 164 亿元，其中引进外资累计达 2.069 6 亿美元，政府预算外收益（前期工作经费）1.55 亿元。

（2）产出效益。截至 2016 年年底，累计实现应税销售 61.75 亿元。2016 年实现应税销售 17.66 亿元，同比增长 27.09%。累计贡献税收约 10.58 亿元，按已建成总风机台数 679 台折算，每亩（每台风机占地约一亩）土地年均贡献税收约 68.1 万元。"三免三减半"优惠期结束后，税收贡献率将有所增加。

(3) 环境效益。截至 2016 年年底，累计上网电量达 119 亿千瓦时，与同等装机规模的火力发电厂相比，实现减排二氧化碳 1 428 万吨、二氧化硫 8 330 吨、氮氧化物 7 735 吨、固体颗粒物 4 224.5 吨，节约标煤近 416 万吨。

二、风电装备制造业及配套产业发展情况

截至 2016 年年底，南通已初步形成以风机整机和配套设备制造为主，包括风电场施工建设和运营维护、勘察设计、防腐材料、海洋环境保护、风电技术研发、大型设备物流等在内的风电产业体系。成立市县级风电产业联盟。成立了"国家海上风力发电工程技术研究中心"平台，成功出品 5MW 海上风电机组。截至 2016 年年底，南通以装备制造为主的风电产业实现应税销售 126 亿元，占南通工业应税销售 1.8%。南通风电设备产业基地已经具备年产 3~5 兆瓦风机整机 500 台套、塔筒 800 台套、海上风机导管架和单桩 200 台套、各型号风机叶片 200 台套及 5 万公里海缆的生产能力。

三、存在的问题

（一）风能资源存在过度开发倾向

通过研究发现，南通的沿海风能资源虽非常优良，但风能资源总量是有限的，目前陆上风能资源已停止开发，原因是陆上风电已与沿海装备制造产业发展形成冲突，甚至制约了航空、智能装备、临港产业的发展。海上风能资源开发在遵循海洋功能区划、港口航道规划、生态红线规划等专项规划的前提下，看上去广阔的海域能用于发展风电的海上风能区其实非常有限，已开发的海岸带以及正在开发的海上风电项目占据了整个南通沿海近海海域，据提供资料显示南通沿海风机呈线状分布，不少区域因风机的建立严重影响了其他开发功能，风电场开发正越来越严重地影响着南通沿海开发的统筹协调步伐。

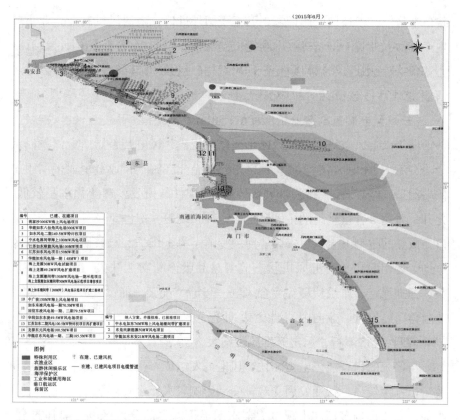

图 1　南通市风电项目空间分布图（含已建、在建；纳入方案、申报核准、已核准）

（二）风能资源开发与风电装备制造业发展严重失衡

南通沿海陆上风电场沿南通海岸线布局，海上风电场在近海海域分布（如图 1 所示），已经建成的 163 万千瓦和"十三五"即将建成的 160 万千瓦装机容量的风电场占用了整个南通海上可利用风能资源的 50%。而风电装备制造业产业发展则相对薄弱，风电配套企业共计 13 家左右，主要集聚在如东经济开发区风电产业园内，项目注册资本金均在 1 亿元左右，投资总规模约 19 亿元，与南通已开发的 163 万千瓦风能资源规模比十分不匹配，虽然重庆海装、广东明阳等风电设备制造厂商虽已落户南通，风电机组及关键零部件的生产销售也已形成一定规模，但在风机齿轮箱、控制系统、轴承等很多关键零部件的生产制造方面还存在一定断层，许多核心装备都是依赖于外地生产厂家,乃至于国外进口,南通风机制造企业主要生产塔桶、外壳、桩基等技术含量低的部件,企业投入规模不大,没有核心竞争力,因此,随着风能资源的耗尽,此类风电配套企业就会随之消亡。

(三) 风电装备制造业集聚度小产业配套不完善

尽管南通风电场开发建设已形成较大规模,风电装备制造业体系以及企业交流平台已经起步建成,但已落户的企业在整个产业链中大多属于中低端制造、组装总装系列,风电机组配套零件的研发、产业化水平较低,尤其是兆瓦级容量机组的主轴轴承与电控系统等零部件80%~90%需要进口,成熟的重型海上风电安装、海上运输、海上维护、科技研发以及与风电场营运相配套的海上风机状态监测与健康诊断功能缺失,风电检测试验、标准评定、质量认证等综合风电"母港"配套功能没有形成,因此严重阻碍南通风电产业向中高端发展步伐。

(四) 经济下行,风电开发风险增大

与传统的化石能源电力相比,风电的发电成本仍比较高,补贴需求和政策依赖性较强,行业发展受政策变动影响较大。全球经济下行压力不可小觑,受此影响多地区出现电力需求明显下降,部分地区电力总体过剩。同时,受消纳不力的影响,国家能源局已在多个场合释放出淡化装机目标的政策导向,并将弃风限电列为"十三五"期间重点解决的问题,新能源利用从增量替代逐步迈向存量替代时代。风电行业正处在变革的风口上,如何适应行业环境、市场环境、政策环境主动转型发展是海上风电发展必须思考的问题。

四、风能资源与风电产业协调发展的路径对策建议

(一) 完善海上风电场规划布局

根据上一轮《江苏省海上风电场工程规划报告》,到"十三五"末南通海上风电装机总规模约300万千瓦。注重拟开发风电场与海洋功能区划、土地利用规划、港口航道规划、生态红线规划等上位重点专项规划及

相关平行规划的充分衔接，加强沿海区域风能资源调查，进一步掌握可开发资源总量，确定南通海上风电规划，优化风电场总体布局及开发时序；以提升海上风电项目开发的科学性。根据调研组的前期研究，建议"十三五"期间及以后的一段时间内，南通海上风电开发重点放在如东县北部外侧约1 000平方公里的海域，具体示意为：H1#、H2#、H3#、H4#、H5#、H6#、H7#、H8#、H9#风电场，装机总规模约300万千瓦（如图2所示）。

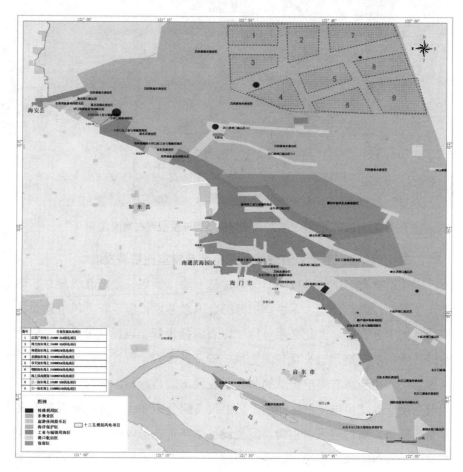

图2　南通沿海"十三五"风电发展设想示意图（2015年6月）

由于该风电场区域的南部接近洋口港主航道，风电场对航道的影响尚处在研究当中，因此建议"十三五"期间首先启动北部的H1#、H2#、

H3#、H7#以及其南部近岸海域的两个上轮规划预留的（H12#、H13#）风电场，约160万千瓦的风电装机规模。南部H4#、H5#、H6#、H8#、H9#风电场待研究成熟后予以实施（如图3所示）。

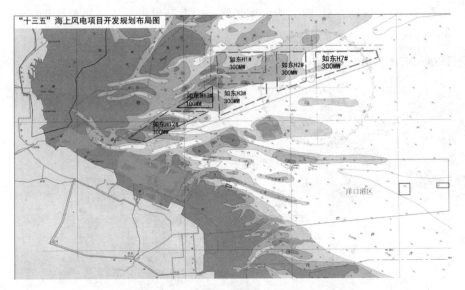

图3　"十三五"海上风电项目开发规划布局图

（二）资源换产业，以资源撬动风电装备制造业协调发展

南通虽拥有丰富的海域风能资源，基于港口规划、生态红线规划、临港产业规划、通航环境、军事管控等综合因素考量，用于海上风电建设的海域其实十分有限。因此必须坚持"以资源换投资、以投资带产业、以产业促转型"的发展理念，优化海上风能资源的配置，有针对性地向已落户南通且对本地经济有突出贡献的制造企业做出适当倾斜。同时，积极联合风电场投资商、风电主机生产商及风电设备配套企业，充分挖掘并整合各家企业优势，通过将风电主机及配套设备生产企业与风电场项目绑定的模式共同开发海上风能资源，以推动南通风电产业技术创新，培育并壮大本地风电装备制造业，做大做优做强风电产业，通过优化产业结构，促进转型升级，进而实现以有限的风能资源拉动装备制造业的发展，逐步形成布局集中、产业集聚、发展集约的风电产业发展新格局，最终实现"资源换

制造"的目标。

（三）开展产业链招商，延伸风电配套产业链

强化重点龙头项目的引进和扶植，充分发挥已落户风机整机厂商的龙头辐射和带动作用。开展产业补链招商，瞄准齿轮箱、控制设备、风机叶片等风电产业链条空白，排定优质目标客户群，赴重庆、上海、北京等风电产业技术领先地区开展招商对接，实现风电产业链条的横向延伸、纵向拓展。大力发展风电生产性配套服务业，积极引进风电技术研发、风电场施工运维、风场勘察设计、防腐新材料等项目落户，鼓励企业开展装备研发、技术创新、工艺改进，完善产业配套服务体系，提升整体竞争力。同时政府管理部门强化资源配置管理，加大产业协作力度，积极扶持南通本土中天科技、江苏海力、海恒重工等一批本地风电设备制造企业发展，提升市场占有率。

考虑到海上风电场施工技术复杂，前期施工及后期运营维护难度大，南通目前尚未形成完善的风电装备安装施工体系、维护服务体系，没有专业的风机运营维护团队和配套的软硬件设施，生产性服务企业的缺失给风电场后期运营维护带来较大隐患。随着海上风电规模的逐步加强，建议县（市）政府联合开发商及装备制造商，培育后续运维的新模式，共同服务于海上风电的后期管理。着重招引海上风电安装施工、风机专业维护、海上风电检测等企业落户，提升风电场营运配套服务的本土化；深入实施"互联网+"行动计划，推动互联网与风电场运维服务业的深度融合，打造海上风电场运维服务基地。加大与科研院所的合作力度，完善和延伸南通风电产业链条，并以此推动风电产业体系的转型升级。

（四）统筹兼顾，化解风险

国家"十三五"风电规划到2020年，海上风电开工建设规模达1 000万千瓦，因此海上风电产业发展迎来黄金机遇期，但就目前的海上风电发展现状和产业基础来看，海上风电发展面临着机组技术、施工技术、输电技术、运维技术、消纳技术等诸多方面的挑战。南通风电产业发展不能一哄而上，更不能急功近利走资源过度开发的路子，粗放型开发必然带来资

源利用率低下、资源破坏乃至枯竭的严重后果。因此有必要做好统筹兼顾、可持续发展的文章。建议：在风电场布局上可以本着"科学规划、分片建设、由近及远、先易后难"的原则进行开发。对存在疑虑海域通过示范项目来带动整个风电规划的科学实施，研究储备一批、成熟一批、开发一批。对建成的风电场进行跟踪后评估，专业收集海上风电场项目在施工和运营过程中对海洋环境、港口航道、产业布局等方面的动态监测数据，通过分析研究，有序部署好风电场开发规模、区域、顺序。对在建风电场项目关注好风电装备技术进步水平和成熟度，选用单机功率大、稳定性高的先进主机设备；采用先进并网技术、先进运维检测系统，提升风电场的运营效率和收益率。密切关注国家对风电项目开发的相关政策导向，做到有序开展海上风电项目的申报、立项、审批，分阶段、按时序推进海上风电场项目的开发建设。推动风电产业与金融体系的融合发展，通过绿色债券、资产证券化、融资租赁、供应链金融等多元化的金融手段，建立风电保险基础数据库与行业信息共享平台，制定风电设备、风电场风险评级标准规范，定期发布行业风险评估报告等举措，提升行业风险防控水平，降低企业发展成本，将风电开发风险控制在最低限度。

（本研究报告为2016年度江苏沿海沿江发展研究院招标课题"南通海上风能资源与风电产业协调发展研究"的研究成果）

（作者：范晔，江苏工程职业技术学院副教授；杨海红，江苏工程职业技术学院讲师；刘晓岚，江苏工程职业技术学院副教授；刘晓庆，南通航运职业技术学院讲师；邵燕，江苏工程职业技术学院副教授；蒋俊，南通市沿海地区发展办公室项目处负责人）

南通市跨江合作共建产业园区绩效评价研究

> **摘 要** 近年来，南通抢抓"一带一路"和长江经济带、长三角一体化、江苏沿海开发等多重国家战略叠加机遇，以创建陆海统筹发展综合配套改革为契机，加大与上海、苏南等地跨江联动合作开发力度，一批具有鲜明产业特色的跨江合作共建产业园正在蓬勃发展。本文剖析了南通跨江合作共建产业园的发展业绩，提出了制约跨江合作共建产业园区发展的6大因素，并提出了相关对策建议，旨在为政府决策和跨江合作共建产业园区发展提供科学依据。

产业园区是新时期工业化的一种有效空间组织形式，是企业聚群发展的要求，也是政府培育区域竞争力的有效抓手。产业园区在工业化过程中对于促进经济发展，代表了我国生产力发展的典范和方向，实现区域可持续性发展具有经济意义。

近年来，南通抢抓长江经济带、长三角一体化和江苏沿海开发等多重国家战略叠加机遇，以创建陆海统筹发展综合配套改革为契机，加大与上海、苏南等地跨江联动合作开发力度，先后创设了苏通科技产业园、锡通科技产业园、上海市北高新（南通）科技城、上海外高桥集团（启东）产业园、上海杨浦（海安）工业园、海门海宝金属工业园、上海复华高新技术园、启东江海产业园、上海奉贤（海安）工业园、宜兴如东工业园、常熟高新区海安工业园、张江南通数字产业园等12家跨江合作园区。南通与上海、苏南等地在基础设施建设、企业投资、产业配套、人才使用等方面的合作呈现出良好发展态势。南通在加强自我发展的同时，积极利用外部条件，强化同其他区域的联系，共同组建产业园区，加快人流、物流和资金流的集聚，加快产业转型升级。在此过程中，剖析南通跨江合作共建产业园区的发展绩效，可为政府决策和跨江合作共建产业园区发展提供科学依据。

一、南通跨江合作共建产业园区的模式

南通位于中国经济最活跃的区域长江三角洲，其经济具有巨大的发展空间，依托区位优势，利用上海和苏南产业转移的有利时机，设立跨江合作共建产业园区，吸引物流、人流和资金流向南通集聚，地区产业集聚态势明显，承载产业集聚的跨江合作共建产业园迅速发展。

南通跨江合作共建产业园的建立是一个突破区域界限、实现互利共赢、促进共同发展的过程。跨江合作共建产业园是基于地缘相连、人缘相亲、经济相融、文化相通的市场运作，既是一种互利双赢的自发行为，也是南通自身加快发展的需要。根据现实情况，采用灵活多样化的股权结构，建立跨江合作共建产业园区合作模式。

（一）股份公司合作共建模式

股份公司合作共建模式是指合作开发双方共同出资成立股份有限公司，由股份公司负责合作园区的日常园区规划、投资开发、招商引资和经营管理等工作，收益由双方按出资比例分享。这种合作模式符合现代企业制度特点，运作规范，合作方具有良好的经济效益。目前南通已经成立了多家此类公司，并取得了良好的成果。如中新苏州工业园开发股份有限公司联合南通经济技术开发区有限公司、江苏农垦集团有限公司成立的中新苏通科技产业园开发有限公司。其中，中新苏州工业园占51%的股份，南通经济技术开发区占39%的股份，江苏农垦集团占10%的股份。南通市政府和无锡市政府合作成立的锡通科技产业园投资发展有限公司，由双方成立联席会议制度，共同推进园区建设。其中，无锡市投资方占51%，南通通州投资方占49%。上海市北高新（集团）有限公司和南通国有资产

投资控股有限公司合作成立了上海市北高新（南通）科技城产业园，其中上海市北高新集团占90%，南通国有资产投资控股公司占10%。另外，如上海未来岛产业园与锡通科技产业园合作共建锡通科技产业园有限公司，重点打造智能制造、新能源、新材料三个示范产业园，未来岛委派招商人员长期驻扎锡通园，同时锡通园为未来岛成立专门服务机构，提高了服务效率。

（二）区域共建模式

区域共建模式是由合作方的政府按资源互补、合作共赢的原则，为技术含量高、市场前景广、成长性高的外迁企业转移而设立的园区。该种模式由双方共同组成园区管理委员会，负责园区的管理和运营活动，同时一方负责引导园区内高新技术企业至共建园区。如海安县和上海杨浦区政府合作共建的上海杨浦（海安）工业园，该园由双方共同派员成立园区管理委员会，杨浦区负责将园区内高新技术引导至共建园区，共建园区负责园区建设和项目服务等工作。浦东祝桥启东产业园的设立，是区域共建的又一成功案例。该园主要以高科技、无污染、低能耗的精密机械、电子电器等项目，推动南通市共建产业园的发展。南通市北高新区是由上海闸北区市北高新区和南通市合作成立的共建产业园，上海市北高新区负责招商引资，南通市北高新区负责基础设施建设和编制规划。

（三）高校与开发区合作共建模式

高校与开发区合作共建模式是指由开发区与高校合作，设立具有技术研发、培训和成果推广功能的合作共建园区，该园区具有技术前沿性、创新性等特点。如复旦大学控股的复旦复化科技股份有限公司和海门开发区合作设立的上海复华高新科技园。该园重点发展电子信息、新材料、环保科技和生物工程等产业科技研发和教育培训，协助引进与产业定位相关的国家重点实验和研究中心。与此同时，建立了高校同政府的其他合作共建模式，如北大生命科学院华东产业研究院、上海交大电子信息与电气工程启东产业技术研究院。

（四）企业与开发区合作共建模式

企业与开发区合作共建模式是指企业依托其强大的生产能力，将部分生产能力转移至共建园区，共同负责园区的项目开发。如上海宝钢集团和海门市政府合作开发的海宝金属工业园就是这种模式。该园由宝钢提供合作项目，具体为钢材延伸加工、钢材加工配送服务和现代物流基地等项目。双方成立联合工作组，负责园区的开发和运营。

二、南通跨江合作共建产业园区的特点

（一）跨江合作共建产业园吸引力逐渐显现

南通由于得天独厚的区域自然条件，位于中国经济最活跃的长江"三角洲"，紧邻中国经济最发达的城市上海，使得南通设立垮江合作园区，承接产业转移具有天然优势。如启东滨海工业园由于紧邻上海，距上海浦东机场只有五十分钟的路程，吸引了上海众多产业园与之合作。目前，上海外高桥产业园、浦东祝桥启东产业园和上海自贸区启东生物科技创新协作园等多家园区和启东滨海工业园建立了合作关系，园区80%以上的企业来自上海。海安县同上海杨浦区合作成立的上海杨浦（海安）工业区，充分利用了上海产业转移的有利时机，吸引优质企业进驻园区。上海期交所百金汇有色金属期货交割库已经落户海安商贸物流产业园，是苏北苏中唯一的上海期货所指定交易库。海门紧邻上海，因此吸引了上海企业和高校进入。复旦大学下属复华公司同海门市政府合作成立了复旦复华高新技术园区（海门科技产业基地），实现垮江联动的第一个园区整体开发项目。启东江海园区紧邻高速公路、港口和铁路，距离上海只有70公里高速路程。

（二）跨江合作共建产业园基础设施规划到位

各跨江园区在规划设计之初，注重"以人为本、绿色生态、现代都市"的理念，体现人与自然的和谐发展，现代产业与生态休闲完美结合的格局。积极加强基础建设设施，保证供水和电力配套的完整，形成完善的基础设施，缩短入园企业的前期筹备时间。关注生活配套设施，各园区周

围具备完善的生活设施，方便园区的企业员工生活。注重园区文化环境建设，充分体现人和环境的和谐相依。各跨江园区树立环境也是生产力的全新理念，通过加大投入，改善硬环境，按照不同类型合作园区的要求，配套相应完善的基础设施；特别要优化合作园区的生态环境，以营造一个适宜人居的生态环境为目标，打造出"现代生态城区、绿色投资环境"的全新形象。以提高办事效率为抓手，切实帮助园区解决好在建设过程中遇到的问题与困难，为园区建设发展提供保障。如上海市北高新（南通）科技城，注重科学规划，保证产业、居住、商业用地分别占50%、35%和15%的比例，形成宜居宜商、产城融合的产业社区。启东滨海工业园区注重配套功能，完善了住房、教育、医疗、休闲等方面功能，同时工商、法院、公安等行政部门入驻，使得园区服务功能日趋完善。

（三）跨江合作共建产业园区注重科研和高新技术

跨江园区设立之初，园区设立了较高的入园标准。这些园区主要以电子信息、高端制造、生物医药、现代科技服务等产业为主，同时积极引进现代制造业、信息服务业、现代科技服务等类型中小企业，着力发展科技产业和科技创新。如海门市政府和复旦大学下属复华公司合作成立的复旦复华（海门）高新技术园区，借助复旦大学的强大的科研实力和影响力，实现了高起点规划、高标准建设、高效率推进。启东江海产业园在开发之初提出了现代化、国际化、规模化和生态化的建设目标，将园区打造成接轨上海、面向国际的"产业高地、生态新区"。如市北高新区2017年1—9月的高新技术产业产值占规模以上工业产值比值为50.19%；高新技术企业数达到39个。

（四）跨江合作共建产业园区管理功能渐趋提升

良好投资环境是承接产业转移的基础，确保企业正常经营活动开展。企业在关注商业成本的同时，更关注园区软环境。通过软环境建设，降低了企业的交易成本，提高了企业的运营效率。虽然市场化运作是合作开发的主导，但是制度也是合作园区成功与否的重要因素。在有效运用市场手段的同时，完善各项制度，鼓励园区建立多元化投融资机制，促进外资、社会资本向园区集聚；吸引高素质人才向合作园区集聚，优惠政策向园区倾斜，为跨江联动发展提供有力的制度保证。如启东滨海工业园为了加强园区建设，推行"周汇报、月点评、季考核"考核制度，同时优化"一企一策"，编制在建项目进度表，及时标明项目进度，确保各项具体措施落到实处。

三、南通跨江合作共建产业园区绩效影响的因素

跨江产业合作产业园区的发展受到宏观因素、微观因素、制度因素、转移产业和环境资源等约束条件的制约，影响着跨江共建产业园区的绩效改善。

（一）合作共建产业园区管理体制建设滞后

合作共建产业园区建设在南通取得了较大成绩，但是管理体制建设相对滞后。目前合作共建产业园区的管理是遵循政府行政管理体制，偏向采用行政手段，缺乏以经济手段的方式管理共建产业园区，没有建立起对共建产业园区的评估和考核机制，权利和义务不明确，服务层次低，对产业园区发展的指导作用弱。

（二）合作共建产业园区激励制度缺失

合作共建产业园区以行政手段为主导而设立，合作方之间缺乏紧密的经济利益，没有建立起完善的激励机制，产业园区的发展受到了一定程度的制约；产业园区管理人员采用行政任命的方式，行使行政管理职能，因此难以对其实施激励制度，从而影响了管理层积极性；产业园区对创新企业缺乏有效激励，特别是具有原创技术能力的企业没有建立起有效的激励机制，技术创新受到抑制，造成技术人员流失，影响了共建产业园区发展。

（三）迁移产业影响着跨江合作共建产业园区的设立

根据产业园区的发展趋势，产业园区的建设往往是基于一定的产业基础，先有产业，甚至先有产业集聚，后有产业园区。南通的跨江合作共建产业园区主要是以上海和苏南的产业梯度转移为契机，形成一定的产业基

础。如苏通科技产业园主要以高端装备制造、科技研发、总部经济及现代服务等产业；锡通科技产业园以机械装备、仪器仪表、新材料、食品深加工等为主；上海市北高新（集团）科技城以科技研发、总部经济为主；上海外高桥（启东）产业园以装备制造、环保科技、新材料等产业为主，这些合作共建产业园区的产业受制于迁移产业的影响。南通跨江合作共建产业园区主导产业门类如表1所示。

表1　南通跨江合作共建产业园区主导产业门类

产业园区名称	主导产业门类
苏通科技产业园	生物医药、新材料、新能源、精密机电、电子信息、现代服务
锡通科技产业园	机械装备、仪器仪表、新材料、食品深加工
上海市北高新（南通）科技城	科技开发、总部经济
上海外高桥（启东）产业园	装备制造、环保科技、新材料
上海杨浦（海安）工业园	新材料、汽车零配件、安防电子、商贸物流
海门海宝金属工业园	钢铁延伸加工、钢材加工配送、现代物流、装备制造、磁性材料、耐火材料
上海复华高新技术园	现代制造业、信息服务业、现代科技服务、物联网技术
启东江海产业园	生物制药、装备制造、精密机械、电子电器
上海奉贤（海安）工业园	纺织、新材料、新能源、科技研发
宜兴如东工业园	新材料、光电子、先进装备制造
常熟高新区海安工业园	纺织面料、服装
张江南通数字产业园	电子信息、移动互联网、三网融合电子产品、云计算、物联网、船舶电气

（四）资金短缺制约着跨江合作共建产业园区的发展

共建园区初期建设任务重，在项目未达产达效和优惠政策未到期前，没有税收来源，包括基础设施建设等在内的各项投资，往往需要投入大量资金，园区在合作共建过程中，迫切需要充足的启动发展资金支持。尽管金融部门给予了大力支持，融资份额与投入需求之间的缺口仍较大，难以满足共建园区建设和项目的发展需要。

（五）基础设施降低了跨江合作共建产业园区的吸引力

目前，南通市合作共建园区引进的项目大多以工业项目为主，但当地产业配套能力不足，入园企业生产成本偏高，区域市场规模偏小，对吸引高技术、高附加值企业落户共建园区形成一定制约；同时，生产性服务业和生活性服务业项目的引进比例偏低，对园区人员的生活配套服务仍显滞后，部分合作园区建设速度不快，引进项目不多。

（六）跨江合作共建产业园区产业结构缺乏主导产业

南通跨江合作共建产业园区主要是承接上海和苏南转移的产业，这些产业主要利用南通临近上海的区位优势。在承接产业转移过程中，追求多元化和综合化，导致产业结构雷同。同时，这些产业园区的资源禀赋相似，没有可利用的特殊资源和技术，导致合作共建产业园区缺乏主导产业。大部分园区提出以高端装备制造、科技开发、新材料、电子信息等产业为主，造成园区产业结构缺乏差异性，加剧了各园区间在招商引资政策上的恶性竞争，不利于跨江合作共建产业园区的资源优化配置和持续健康发展。

四、提高南通跨江合作共建产业园区绩效的对策建议

南通跨江合作共建产业园区虽然已经形成了一些具有一定竞争力的产业园区，但存在产业园区无序竞争、土地浪费、空间差异、配套设施差等问题。因此，需要根据产业园区的类型设施差异化的分类引导政策。

（一）完善合作产业园区体制建设

首先，产业园区的制度是提高合作产业园区绩效的基本保证，因此必须加强合作产业园区的制度建设，安排和协调各经济主体利益关系，规范经济主体行为，调动各方积极性，有效地创造和扩散新的知识和技术，保证区域内技术创新取得更好的绩效，维持区域内经济实现可持续发展。加强制度建设降低创新环境中的不确定性和交易费用，提高对创新的奖励。

合作产业园区可以适当加大经济管理和行政管理权限，提高其管理办事效率。

其次，园区转变管理职能，加强宏观指导、改善环境、提供良好服务，将管理职能定位于产业导向、制定政策、创造环境和提供服务等方面。在产业园区管理职能的基础上，可以扩充风险资金委员会、技术咨询委员会、市场开拓委员会和人员培训委员会等机构，为产业园区发展提供完善的支持服务。

（二）加强合作产业园区的激励制度

合作产业园区对于合作各方的激励制度比较薄弱，没有相应的激励制度，影响了合作共建产业园区的绩效。激励制度应从以下几个方面加以考虑：一是合作产业园区参与方是区域政府或相关企业，对产业园区建设做出重大贡献的参与方，可以提高其分享利润和税收的比例；二是合作产业园区对园区管理人员可给予期权的方式加强激励，提高其参与管理的积极性；三是合作产业园区应激励园区内企业进行技术创新，提高产品技术复杂度，增强市场竞争力，对具有原创技术的企业，应给予重奖。同时，鼓励企业建立有效的激励和约束机制，引入股权等激励机制，加强企业创新能力的提升。

（三）强化跨江合作产业园区的主导产业

该类园区已有一定的空间集聚，且企业和产品具有一定的竞争优势，包括目前有一定竞争优势的特色产业基地以及部分经济技术开发区，随着跨江产业的转移，这些共建产业园区获得了发展优势，是具有较大发展潜力的产业园区。但是，这些产业园区目前产业集群内没有形成配套的产业链，一些产业集群内企业之间业务关联性和技术关联不大，缺乏明确的产业分工和产业特色，产业集群不明显，缺乏主导产业。合作产业园区未来应充分利用后发优势，明确产业园区的产业定位和发展方向，引导具有优势或特色产业发展壮大，形成具有竞争力和影响力的主导产业。

（四）提高合作产业园区的开发强度

该类园区未形成一定规模，园区配套设施还不完善。未来重点应是培育引导发展具有一定规模的产业园区，促进生产要素向园区集中。同时，在园区建设上政府应加强投入力度，统筹协调，合理规划，在园区发展的初级阶段，政府应提供资金、基础设施建设等方面的支持，提高产业园区的开发强度，后期应加强管理，构建公平、规范有效的竞争环境。如市北合作产业园区经过科学规划，开发强度得到了提高，单位建设用地工业增加值达到14 771.97元/平方公里，单位建设用地税收额达3 903万元/平方公里。

（五）扩展合作产业园区的金融吸纳能力

跨江合作产业园区设立的过程中，需要投入大量的资金。因此需要通过各种途径，扩展融资渠道，不仅通过银行等间接金融的方式筹措资金，而且还可以通过债权、信托等直接融资的方式筹措资金，甚至可以通过SPV方式开拓融资渠道，通过发行债券、利用融资租赁等方式筹措资金。通过这些方式可以有效地扩展融资渠道，提高融资量，缓减合作产业园区的建设资金需求。

（本研究报告为2016年度江苏沿海沿江发展研究院招标课题"南通市跨江合作共建产业园区业绩评价研究"的研究成果）

（作者：仇新忠，江苏工程职业技术学院副教授；黄亮，南通市沿海办项目处处长；杨晓峰，南通市沿海办规划处处长；曾德仟，南通市沿海办项目处科员）

后　记

2018年4月，习近平总书记在武汉主持召开深入推动长江经济带发展座谈会时强调，加强改革创新、战略统筹、规划引导，以长江经济带发展推动经济高质量发展。这一重要讲话精神，为长江经济带发展提供了科学指引和根本依据。

建设长江经济带是谋划中国经济发展和生态建设的重大国家战略。作为地处长三角的高校新型智库和江苏省重点培育智库，我院始终紧扣时代发展脉搏，积极主动融入国家战略和地方经济建设的主战场，产出了一系列高质量研究成果，形成服务国家战略和地方经济建设的鲜明特色。

这本《2017年江苏沿海沿江发展研究报告集》共收录了36篇研究报告和相关文章，内容包括长江经济带高质量发展、区域一体化与城市群发展、江苏沿海沿江区域发展与南通经济发展等。

在此，谨向支持研究院工作的单位、部门以及专家学者表示衷心感谢！

南通大学江苏沿海沿江发展研究院
南通大学江苏长江经济带研究院